越前敏弥の
日本人なら必ず誤訳する英文【決定版】

Toshiya Echizen

English sentences Japanese people always get wrong 【Definitive Edition】

越前敏弥

Discover

まえがき

　この本を読み終えても、もちろん誤訳がゼロになるわけではありません。しかし、この本に出ているすべての英文にしっかり取り組んで、解説を熟読してもらえれば、これまで何年英語を勉強しても誤訳がなかなか減らなかった原因のいくつかがはっきりわかります。それはお約束しましょう。

　いまのわたしは小説の翻訳をおもな生業としていますが、この仕事をする前には、十数年にわたって、自営塾や予備校で英語を教えていました。学校の補習が必要な中学生からトップレベルの大学受験生、そして英米の大学院を受験する大学生や社会人まで、あらゆる世代や実力の人たちと接してきたのですが、学習経験の長さに関係なく、大半の日本人が誤読する英文のパターンが何種類かあることを知り、原因を考えつつ、そういった英文を少しずつ収集してきました。
　その後、翻訳学校で教えるようになり、何年もかけて集めてきたその難問集を補助教材として使ってみたところ、やはりほとんどの生徒が同じようにまちがえるのです。そこで、独立した短期講座「誤訳をなくす文法特訓」を開講したところ、何年にもわたって毎回満員御礼の盛況を繰り返し、通信講座も含めてのべ1,000人近くが受講しました。

本書は、その成果をまとめて2009年に刊行した『日本人なら必ず誤訳する英文』と、その後約５年間に収集した問題をまとめて2014年に刊行した『日本人なら必ず誤訳する英文・リベンジ編』の２冊を組み合わせ、いくつかの加筆・修正をおこなったうえで、最も効率のよい形で学習できるように再構成したものです。英語学習者全般を対象として書いた本なので、翻訳学習者はもちろん、大学受験生や英検・TOEIC・TOEFLなどの各種語学資格試験の受験生、仕事で英文を頻繁に読み書きする人など、真剣に英語を勉強したいあらゆる人たちに自信をもってお薦めできます。

　本書では、まず【PART A】で日本人が誤読・誤訳に陥りやすい英文を文法項目ごとに紹介し、【PART B】と【PART C】で、さらなる難問についてくわしく説明しています。【PART D】では、文法以外の理由でまちがえるものも含めてさまざまな角度から解説し、誤読・誤訳がなぜ起こるかを徹底的に解明しています。付録の文法項目別チェックテストにもぜひ取り組んでください。

　また、いささか面映ゆいのですが、自分自身がどんなふうに七転び八起きしつつ英語を学んできたかを、インタビューに答える形で少しくわしく述べました。翻訳の仕事や訳書そのものについてのインタビューは何度か経験がありますが、このような形ははじめてだったので、自分でも新鮮に感じるとともに、懐かしさも覚えたものです。

　そのほか、合間のページのところどころに、語学や勉強一般についてよく尋ねられる質問への自分なりの返答を書きま

した。よかったらそちらも読んでください。

　英語自慢の人も、英語がいまひとつ苦手でどうにかしたいと思っている人も、ぜひいますぐ、この本に集められた200問近くの英文に挑戦してください。見るからに難問というのもあれば、一見やさしそうなのに実はこんなところに罠が、というのもあります。この本を読んで、ひとりでも多くのかたが英文を正しく読むヒントをつかんでくださるなら、著者としてそれ以上の喜びはありません。

　語学の勉強には、理詰めでじっくり考えるべき部分と、とにかく反復して慣れていくべき部分があります。この本を語学習得という長い航海の羅針盤のひとつとして使っていただけるとうれしいです。

越前敏弥

本書の使い方

●この本は高校程度の英文法をひととおり学んだ人を対象としています。すっかり忘れている人は、薄くて簡単な参考書や問題集でかまいませんから、英文法のおさらいをしてから取りかかってください。大学受験生の場合は、ある程度基礎が固まった時期に使ってもらうのが効果的だと思います。

●この本は【PART A】（基礎編）120問、【PART B】（難問編）30問、【PART C】（超難問編）10問、【PART D】（活用編）30問の4部構成になっています。右ページに問題の英文が並び、次ページから訳例と解説が載っているという形の繰り返しです。まずは英文をじっくり読み、できれば熟考して自分なりの訳文を作ってから、つぎのページを開いて訳例と解説を読んでください。いきなり説明を読んでも効果はあがりません。

● 【PART D】のあとには、【PART A】の文法項目に合わせたチェックテストを付録としてつけました。総まとめのためのものですが、最初にこのチェックテストに取り組んで足慣らしをしてもらってもかまいません。

●この本は英文法全体を体系的に総括することはめざしておらず、要はまちがえやすいものを優先的に繰り返し練習するという立場をとっています。また、仮に誤答率が高くても、単に暗記しさえすればよい事項についてはあまり説明していません。たとえば、動名詞だけを目的語にとる動詞は何かとか、仮定法過去の定型はどんな形かといったことは最低限の知識なので、そのようなところでつまずいた人はすぐに体系的な文法書を参照してください。

●訳文を作る場合、特にうまく訳す必要はありませんが、隅々まで意味を正確に反映させるよう心がけてください。わからないところ、納得できないところをぜったいにごまかさないのが上達への近道です。

●ひとつの問題にふたつの英文がある場合はそれぞれの冒頭に「・」がついています。上下の文をよく見比べて、ちがいを考えてください。会話文が並んでいる場合は、ふたりの人物のやりとりです。

●一度説明した文法事項については、説明のある問題の番号をできるかぎり示してあります。

●【PART B】と【PART C】については、翻訳学校の講座で扱ったときのだいたいの正答率を示してあります。学習の目安としてください。

目次

まえがき　003

本書の使い方　006
誤訳を防ぐための3か条　010

PART A
基礎編120問 　　　　　　　　　　　　　011

1. 文の構造 ————————————————— 012

2. 時制・態 ————————————————— 030

3. 否定 ————————————————————— 044

4. 助動詞・不定詞 ————————————— 062

5. 動名詞・分詞 ——————————————— 076

6. 比較 ————————————————————— 088

7. 関係詞 —————————————————— 098

8. 仮定法 —————————————————— 114

9. 相関構文・特殊構文 —————————— 124

10. その他 —————————————————— 138

PART B
難問編30問　　正答率20〜70%　　　　158

PART C
超難問編10問　　正答率20%未満　　　212

PART D
活用編30問　　　　　　　　　　　　　240

学習相談 Q&A　61, 75, 123, 157, 211, 239, 248, 300, 318, 335
付録　文法項目別チェックテスト　345
巻末インタビュー　わたしは英語をこうして勉強した　367

あとがき　389

誤訳を防ぐための3か条

① 常識を働かせて英文を読むこと。違和感を覚え
　たら読み返し、ゆっくり考えなおす。違和感に
　は、大きく分けて形と意味の2種類がある。

② 自分の弱点となっている文法事項を知り、覚える
　べきことは覚える。文脈から判断できない場合、
　最後の砦は文法の知識である。

③「自分の持っている知識など、たかが知れている」
　と自覚して、つねに調べ物を怠らない。

PART A

基礎編 120 問

ここには、誤読・誤訳の多い英文のうち、比較的短めのものを文法項目別に集めました。もっとも、各項目の要点すべてを網羅したわけではなく、あくまで日本人がまちがいやすいものを優先的に選んでありますから、それぞれの項目を体系的に学ぶ際にはくわしい文法書をかならず参照してください。

また、各項目のテーマと無関係なところにも、思わぬ罠を仕掛けている場合がかなりあります。どの問題も気を抜かずに取り組んでください。

1 文の構造

　日本人が誤読・誤訳しやすい英文は、文法書で多くのペー
ジが割かれている個所よりも、項目に分類しづらい、いわば
「隙間」の部分が原因になっていることが多いようです。た
とえば、and や or などによって何と何が並列されているのか、
カンマやセミコロンなどがなぜ使われているのか、冠詞の a
や the の有無に気づくことができるかどうか、といった問題
です。あまりにも基本的な内容なので、体系的に学ぶ機会も
少なく、だからこそ盲点になるのでしょう。まずは、ここに
集めた少々意地の悪い英文を読み、できれば自分の訳文を書
いたうえで、誤読・誤訳のポイントを確認してください。油
断は禁物です。

　なお、A-11の解説がうんざりするほど長いのですが、こ
の本全体を貫く大きなテーマの導入部分となっているので、
正解した人もどうか最後までお付き合いください。

問題

A-01　These are my favorite animals: bears, for their strength; lions, for their courage; and monkeys, for their cuteness.

A-02　The weak have one weapon: the errors of those who think they are strong.

A-03　Return to your work, and that immediately.

A-04　Yesterday I met a novelist and poet.

▼訳例と解説

A-01　These are my favorite animals: bears, for their strength; lions, for their courage; and monkeys, for their cuteness.

➡わたしの好きな動物はつぎの3つだ。クマはその強さゆえに、ライオンはその勇敢さゆえに、サルはその愛らしさゆえに、それぞれに好きだ。

　訳自体はむずかしくないでしょうが、考えてもらいたいのは、「：（コロン）」と「；（セミコロン）」についてです。このふたつの意味や機能を説明しなさい、と言われて、どれだけの人が説明できるでしょうか。辞書を引く場合は、colon、semicolon という単語を調べてください。「．（ピリオド）」＞「：（コロン）」＞「；（セミコロン）」＞「，（カンマ）」**の順に大きな切れ目になっている**、というのが最も単純な説明です。何よりまずその点が重要で、文脈しだいでさまざまな含みが付随することになります。

A-02 The weak have one weapon: the errors of those who think they are strong.

➡弱者にはひとつの武器がある。おのれが強いと思いこむ者たちの過信だ。

コロン（：）のあとは、前述部分について例をあげたりくわしく説明したりする場合が多く、この文では one weapon はすなわち errors だと言っています。

the weak は "the ＋形容詞" で「〜の人々」を表す形。つまり、この文は、弱い者たちにはひとつ武器があり、それは自分が強いと思いこんでいる者の過ち（過信や油断）である、と言っています。相手のほうが強くても、そこに付け入る隙があるというわけです。

ただし、形のうえでは、後半の they が最初の the weak を指していると読めなくもありません。そう考えると、「こっちのほうが弱いのに、強いと相手が勝手に錯覚してくれるのが武器」ということになります。とはいえ、これはかつてレジスタンス運動の闘士だった政治家の名言（フランスの政治家ジョルジュ・ビドーのことばの英訳）ですから、そんなふうに「運頼み」を奨励するようなことはありえません。代名詞の表しているものを把握したのち、最後は10ページにある「誤訳を防ぐための３か条」の①に従ってください。

▼訳例と解説

> A-03 Return to your work, and that immediately.
>
> ➡仕事にもどりなさい、それもいますぐに。

that が指しているのは "Return to your work" 全体です。

Return to your work, and that immediately.

> A-04 Yesterday I met a novelist and poet.
>
> ➡きのう、小説家でも詩人でもある人物と会った。

a が novelist の前だけについていることに気づいたでしょうか。ふたりの人物ではありません。

問題

A-05 She ate the biscuits and orange-marmalade sandwich cake.

A-06 The coming of clocks caused a grave if gradual change in our social life.

A-07 You mustn't worry about your son. You shouldn't blame him either, or yourself.

A-08
- She said she had been sick for three days, but that she was getting better.
- She said she had been sick for three days, but she was getting better.

A-09 Talking with others is a good way of analyzing our ideas and feelings by discovering how they look to others.

▼訳例と解説

> **A-05** She ate the biscuits and orange-marmalade sandwich cake.
>
> ➡彼女は、ビスケットにオレンジマーマレードをはさんだ菓子を食べた。

　and の読み方が問題です。the はひとつしかなく、もしbiscuits だけについているとしたら、and 以下に冠詞がないのが変です。ここでは the が sandwich cake までの全体をまとめていて、biscuits と orange-marmalade が and で並列されていると読むのが筋です。「ビスケット 2 枚とオレンジマーマレードによる、サンドイッチ・ケーキ」ということですね。

```
          ┌ biscuits
the  and                    sandwich cake
          └ orange-marmalade
```

18

A-06 The coming of clocks caused a grave if gradual change in our social life.

➡時計の出現は、徐々にではあるが重大な変化を わたしたちの社会生活に及ぼした。

　珍答が続出する問題です。a grave の部分で流れを切って、 これを「墓」などと読んでは、そのあとの形の説明がつきま せん。ここは "a grave if gradual change" という形で形容詞 の grave と gradual が並列されていて（頭韻を踏んでいます）、 「徐々にではあっても重大な変化」と読むのが正解。"a grave, if gradual, change" のように挿入部分をカンマで括る ほうが親切な英文ですが、カンマのない形もよく見られます。

```
     ┌ grave
  a  if            change
     └ gradual
```

▼訳例と解説

A-07　You mustn't worry about your son. You shouldn't blame him either, or yourself.

➡息子のことを心配してはいけない。責めてもいけないし、自分自身を責めるのもだめだ。

　最後の him either, or yourself を勝手に either him or yourself と読み換えていませんか。正しい解釈は、まず冒頭から2文目の "blame him either" までについて、worry と blame を並べて「心配するな、責めもするな」と読んだのち、or yourself の部分を「（彼を責めないだけでなく）自分も責めるな」というように、3つに分けて読むことです。以下を参考にして、微妙なニュアンスのちがいに注意してください。

You mustn't worry about your son.
You shouldn't blame him either,
or [you shouldn't blame] yourself.

A-08
- She said she had been sick for three days, but that she was getting better.
- She said she had been sick for three days, but she was getting better.

⇒ ・彼女が言うには、３日間病気だったが、回復しつつあるとのことだった。
・彼女は３日間病気だったと言ったが、回復しつつあった。

　but のあとに接続詞の that がある１番目の文は、最後までが彼女の話した内容ですが、２番目は but のあとに何もないので、話した内容は days までで、後半が地の文です。このケースでは that のあるなしで意味が変わるのですが、that がなくても文脈から会話内容だとわかる場合には、わざわざ that をはさまないのがふつうです。

- She said she had been sick for three days, but that she was getting better.
- She said she had been sick for three days, but she was getting better.

▼訳例と解説

 Talking with others is a good way of analyzing our ideas and feelings by discovering how they look to others.

➡他人との会話は、自分の考えや感情が相手にどう思われているかを知って、それらを考察するためのよい手段である。

they look to others の部分を正しく読めたでしょうか。they はもちろん others のはずがありませんから、この they は「彼ら」ではなく、少し前の our ideas and feelings を指しているとしか考えられません。また、look at ではなく look to なので、この look は「見る」ではなく「見える」であり、「それらが他人にとってどう見えるか」と読まなくてはなりません。

Talking with others is a good way of analyzing <u>our ideas and feelings</u> by discovering how <u>they</u> look to others.

問題

A-10 Dogs can show that they want to be taken for a walk, and in that respect have a language or means of communication.

A-11 Some women often complain about what they feel is unjust.

▼訳例と解説

A-10 Dogs can show that they want to be taken for a walk, and in that respect have a language or means of communication.

➡イヌは散歩に連れていってもらいたいと伝えることができ、その点では、言語、すなわちコミュニケーションの手段を持っている。

この文で、and によって並べられている述語動詞は何と何でしょうか。あとが have なのは明らかですが、前はとりあえず can show と want が考えられます。

しかし、want と have を並べるとカンマの打ち方が不自然ですし、対等ではないものが並んで、意味が通じません。一方、can show と have を並べて読むと、後半は that 節のなかではなく、語り手の説明になるため、「犬が何かを伝えること」＝「言語を持っていること」となって、意味が明確にわかります。

また、ここでの or の意味は「または」ではなく「すなわち」です。

24

Dogs and
    ┌ can show that they want to be taken
      for a walk,
    └ (in that respect) have a language
      or means of communication.

or が「または」ではなく、
「すなわち」「つまり」の意味になる場合に注意。

▼訳例と解説

A-11 Some women often complain about what they feel
is unjust.

➡自分が不当だと感じるものについて、よく愚痴
をこぼす女性がいる。

　この問題ではいろいろな誤訳例が見られます。「自分の感
じることが不当だと文句を言う」「自分たちが不当に評価さ
れていると感じる」「自分の感覚がおかしいのに不平を言
う」「文句を言うのは不公平だ」などなど。いずれも、英文
の構造を理解せず、「だいたいの雰囲気」だけで訳そうとし
ている例です。

　実は、この本には、全体を貫く大きなテーマがひとつあり
ます。それは「**左から右へ読むこと**」。あたりまえじゃない
か、と思われるかもしれません。しかし、日本人が犯す誤訳
の多くは、そのあたりまえのことができていないのが原因な
のです。
　言うまでもなく、ネイティブが英文を読むときは、左から
右へ一度だけ読んでいって、文末のピリオドを見た時点でそ
の文の意味を完全に理解します。内容がひどくこみ入ってい
れば別ですが、原則として右から左へさかのぼったり振り
返ったりすることはありません。われわれが縦書きの日本語
を読むとき、通常は上から下へ一度しか読まないのと同じです。

26

では、なぜ一度しか目を動かさないで読めるのか。もちろん、英文のルールを無意識のうちに知っているからなのですが、この本ではそのプロセスを少しくわしく考えてみます。そのために、いくつかの問題で、ゆっくり、ゆっくり、目を動かしてもらわなくてはなりません。ゆっくり読んで読めないものを速く読んだら読める、などということはまずありえないからです。

ネイティブが英文を読むときには（われわれが日本語を読むときも本質的には同じです）、頭のなかで予想を立てながら左から右へ視線を移していきます。たとえば、文頭に

To speak English fluently

と書いてあったら、そのつぎにどんな展開が予想できるでしょうか。ちょっとした例外を除けば２通りですね。

(1) is などの動詞がつづき、"To speak English fluently" が主語として意識される。
(2) 名詞や代名詞がつづき、その名詞や代名詞が主語として、"To speak English fluently " が副詞句（「〜のために」など）として意識される。

通常はふたつのどちらか一方を予想して読んでいき、もし仮に (1) を予想していたなら、たとえば is が見えた瞬間にその予想の正しさを確認します。he が見えた場合は、予想を

27

▼訳例と解説

(1) から (2) へ修正し、その先を読んでいきます。つまり、

「予想→確認」または「予想→修正」

のどちらかを、ほんの一瞬、おそらくは100分の1秒程度の時間で選ぶわけです。それは日常的に英文を読んでいるネイティブの頭のなかで起こることであり、われわれ外国人が読んだ場合はそれより遅くなるわけですが、思考のプロセスは同じでなくてはなりません。もちろん、予想を立てたり確認や修正をしたりするには最低限の文法的知識が必要ですけれど、それだけでは不十分で、ときにはこの思考のプロセスをたどる必要があるのです。この本では、いくつかの問題で、左から右へ読むプロセスをゆっくりたどってみます。

では、この問題にもどりましょう。

Some women often complain about

ここまで読んだ時点で、主語と動詞が確定しています。これより右に何が書いてあろうと、別のものが主語と動詞になることはありません。そしてもうひとつ確実に言えるのは、前置詞 about の右には名詞的なまとまり（名詞句や名詞節）が来るだけで、「文」は来ないということです。となると、

what they feel is unjust

は「彼女たち（自分たち）が感じることは不当である」ではありません。そう読んだら、主語と動詞を持った「文」としてとらえることになり、名詞的なまとまりではなくなってしまいます。ここでの正しい読み方は、

what (they feel) is unjust

のように、they feel をカッコで括ることです。they feel the thing is unjust の the thing が前へ出て what に変わったと考えてみましょう。what is unjust は「不当なもの」ですから、全体では「不当だと自分たちが考えるもの」になります。

なお、これを「不当だと自分たちが考えること」と訳すのは、2通りの意味にとれるので好ましくありません。つまり、

(1) 不当だと自分たちが考えている対象である物事（たとえば、賃金格差）
(2) 何かが不当だと自分たちが考えている、という状況

のどちらなのかはっきりしないのです。もちろん、ここは(1) の意味ですから、はっきりさせるためには、「こと」ではなく、「もの」「物事」「事柄」といった訳語を選ぶべきでしょう。これは関係詞の what を扱うときによくぶつかる問題です。

2 時制・態

「英語の時制はいくつありますか？」と問いかけたとき、即答できる人はあまり多くありません。しかも、考えたすえに「５個」とか「７個」とか、根拠不明の答がよく返ってきます。

基本時制は現在・過去・未来の３つ。それぞれについて完了形があるので、これで６つ。そのすべてについて進行形がありますから、正解は12個です（ただし、未来を時制として認めない考え方もあります）。

ところで、その12個の時制のなかで、いちばん誤読・誤訳が多いのはどれだと思いますか。答は、学校で最初に教わる、一見最もやさしそうな時制。そう、現在形です。この本にも実例がたくさん出てきますから、なぜそうなのかを考えてみてください。

態については、慣用表現をしっかり覚え、わかりにくい形のときにいつでも能動⇔受動の変換ができるようにしておけば、そうこわくはないはずです。

問題

A-12 His father writes scientific novels.

A-13 Tom is being foolish by writing so many checks today.

A-14 The author is the most often read of her contemporaries in the prewar time, but this is not surprising, for her novel was well ahead of its time.

A-15 The earliest North American painting that has come down to us dates from shortly after the middle of the seventeenth century, over a hundred years before the separation of the colonies from England. It was some sixty years earlier, in 1607, that the English had made their first permanent settlement in America.

A-16 Eddy had been dead only a short while when I graduated from high school.

31

▼訳例と解説

A-12 His father writes scientific novels.

➡彼の父親はＳＦ作家だ。

「彼の父親はＳＦ小説を書く」では、日本語として舌足らず
で、何を言っているのかよくわかりません。「書いている」
では、こんどは進行形に対する日本語のように勘ちがいして、
「書きつつある」の意味にとられかねません。**英語の現在形
は、いまこの瞬間そうだという意味ではなく、いまも含めて
ずっとそうだという意味ですから**、「ＳＦ作家だ」のように
大胆に訳してかまわないところです。

英語の時制でいちばん誤読・誤訳が多いのは現在時制。理由
のひとつは「〜いる」という日本語に引きずられて、進行形
と混同するから。

32

A-13 Tom is being foolish by writing so many checks to-day.

⇒そんなに多くの小切手を切るなんて、今日のトムはどうかしている。

　現在形と現在進行形のちがいは、どちらも「〜いる」という日本語で表せることが多いため、わかりにくいものです。

　この英文では、現在形を使って単に is foolish と言うと「つねに愚かである」というニュアンスを帯びます。現在進行形を使っているのは「いまだけ愚かである」ことを伝えたいからです。

　文脈によっては、「ふだんは頭がよいのに、今日はわざと愚かにふるまっている」という意味に読める場合もあります。

▼訳例と解説

A-14 The author is the most often read of her contemporaries in the prewar time, but this is not surprising, for her novel was well ahead of its time.

➡ その作家は戦前の同時代作家のなかで現在最もよく作品が読まれているが、それは驚くべきことでもない。彼女の小説はずいぶん時代を先取りしていたからだ。

　前半は現在形なので、戦前に読まれていたかどうかではなく、現代の話です。作品が時代を先取りしていたからこそ、戦後の現代においてよく読まれているという趣旨になっています。日本語の場合、現在か過去かは文末で見分けられますが、英語の動詞は文頭に近いところに来ることが多いため、文末の印象の強さに慣れている日本人は、不注意になりがちです。現在形と過去形が混在している文には特に用心してください。

現在形に誤読が多くなるのは、1文の中に現在形と過去形が混在している場合。

A-15 The earliest North American painting that has come down to us dates from shortly after the middle of the seventeenth century, over a hundred years before the separation of the colonies from England. It was some sixty years earlier, in 1607, that the English had made their first permanent settlement in America.

➡今日残っている最も古い北米の絵画は、17世紀の半ばを少し過ぎたころ、つまり植民地がイギリスから独立する100年以上前のものである。イギリス人たちがアメリカへの入植を始めたのは、それよりさらに60年ほど前、1607年のことだった。

現在完了、過去、過去完了の３つの時制が使われている文章です。ここでの述語動詞は dates で、その手前の us までが主語の部分にあたります。

　最もまちがいが多いのは、"shortly after the middle of the seventeenth century" と "over a hundred years before the separation of the colonies from England" を同格関係にとらえていないケースです。

　また、イギリス人の入植がアメリカの独立よりあとの出来事であるかのように訳してしまうケースもよく見かけます。しかし、３か条の①に気をつけていれば、そういうミスは形

▼訳例と解説

（過去完了）と意味（歴史的事実）の両面から排除できるはずです。

　そのほか、earliest を最上級として訳していない例、「現存する最古」ではなく単に「最古」と見なしている例、shortly や over や some を無視している例などもときどきありますが、どれも正確には読みとれていない証拠です。

A-16　Eddy had been dead only a short while when I graduated from high school.

➡ エディが死んですぐ、わたしは高校を卒業した。

　左が過去完了形、右が過去形ですから、当然エディが死んだほうが先なのに、逆の順に解釈する人がずいぶん多い文です。後ろから前へ返って読んだり訳したりするうちに、わけがわからなくなってしまうのでしょう。「わたしが高校を卒業したときには、エディが死んでから少しだけ経っていた」でもまちがいではありませんが、左から右へ、時間の順序どおりに読んで訳すほうが自然です。

　過去完了形と過去形が混在しているときは、時間の経過どおりに読んで訳すのが自然。

36

問題

PART A　基礎編　時制・態

A-17
- I bought a book which I had wanted to read.
- I bought the book, which I have not read yet.

A-18　In five years both Jane and Liz will turn forty.

A-19　You shall have a bicycle of your own when you get older.

A-20　My hat has been sat on.

A-21　A tree is known by its fruit.

▼訳例と解説

A-17
- I bought a book which I had wanted to read.
- I bought the book, which I have not read yet.

→ ・わたしは読みたいと思っていた本（のひとつ）を買った。
　・わたしはその本を買ったが、まだ読んでいない。

　カンマの有無、過去完了と現在完了、a と the のちがいに注意してください。似ていますが、上と下では意味がかなり異なります。

A-18
In five years both Jane and Liz will turn forty.

→ジェーンもリズも、5年後に40歳になる。

　未来形とともに使われる in は、「〜以内に」「〜のうちに」ではなく「〜後に」「〜経ったら」の意味です。「〜以内に」の場合は within を用います。

A-19 You shall have a bicycle of your own when you get older.

⇒大きくなったら、あなた専用の自転車を買ってあげます。

　意志未来の shall は、大学受験などの英語ではあまり見られないでしょうが、小説や映画、さらには一部の契約書などではよく使われるので理解していなくてはなりません。この文の場合は、話者（つまりわたし）の意志がこめられていますから、「あなたは持つことになるだろう」ではなく「あなたにあげよう」のニュアンスがあります。

　ここで重要なのは、単に訳せることだけではなく、この文の語り手がおそらく「年輩のイギリス人で、教育をかなり受けた上流階級」であると読みとれるかどうかです。さらに言えば、ごくふつうのアメリカ英語の会話中にこの言い方が出てきたら、そのような人たちを皮肉った誇張表現である可能性が高いので、意図的に「"ざあます"ことば」などで訳す手もあります。

▼訳例と解説

> **A-20** My hat has been sat on.
>
> ➡ぼくの帽子の上に、だれかがすわっている。

　単純な文なのに、正しく訳せる人がほとんどいません。
sit on が何か特別な熟語でないかと考えて自滅するケースを
よく見ます。この文は、能動態に直せば "(Someone) has sat
on my hat." ですね。そのせいで帽子がつぶれてしまったと
言いたいのかもしれません。**わかりにくいときこそ「能動態
⇔受動態」の基本に返ってください。**

> **A-21** A tree is known by its fruit.
>
> ➡木は果実を見れば名前がわかる。

　「その木は実が有名だ」などの誤訳が多い文です。文頭は
The tree ではなく A tree であり、be known by の by は判断す
る場合の基準を表します。be known to、be known for、be
known as との区別が自分でできるかどうかを辞書などで確認し
てください。なお "A tree is known by its fruit(s)." は、「人間
はその業績によって判断される」「子を見れば親がどんな人間か
わかる」など、いくつかの意味に解釈できることわざでもあります。

問題

PART A　基礎編　時制・態

A-22　After all, it is the natural right of an employer to get the work done the way he wants it done.

A-23　This play reads much better than acts.

A-24　How naive of you to have a crush on Dave. He just photographs well.

41

▼訳例と解説

A-22 After all, it is the natural right of an employer to get the work done the way he wants it done.

➡なんと言っても、仕事が自分の望みどおりおこなわれるようにするのは雇い主の当然の権利だ。

　after all を機械的に「結局」と訳す人が多いのですが、文頭の場合は「なんと言っても」「やはり」という訳語がたいがい最適で、前の文の理由を表す場合が少なくありません。「結局」では「長い時間を経たあと」の意味に誤解されかねず、finally や in the end などとの区別がつきません。

　態について言えば、この文では "get … done"、"want … done" という使役の形がつづけて使われています。そのあいだにある the way は how と置き換えてもかまいません。

A-23 This play reads much better than acts.

➡この戯曲は、芝居を観るよりも読むほうがはるかにおもしろい。

　本来なら reads と acts がそれぞれ is read と is acted になるべきですが、文脈からわかりきっている場合、基本動詞を能動態のまま使うことがあります。"This book sells well."（この本はよく売れる）のようなケースもあります。

42

A-24 How naive of you to have a crush on Dave. He just photographs well.

➡ デイヴにひと目惚れするなんて幼稚だな。彼は写真うつりがよいだけだ。

誤読しそうなポイントはふたつあります。

まずは naive です。日本語の「ナイーブ」は「繊細な」「純粋で傷つきやすい」など、肯定的なニュアンスで使われることが多いですが、これは和製英語に近いものです。英語の naive の本来の意味は「無邪気な」すなわち「幼稚な」「世間知らずの」「単純な」で、どちらかと言うと否定的なニュアンスで使われることが多いです。

第2のポイントは photograph で、この単語は通常「写真を撮る」という意味で使われますが、well や badly などをともなって「写真にうつる」「撮られる」という意味になることがあります。前問の read、act、sell などと同じく、能動のまま受け身の意味を表すことばです。

なお、have a crush on 〜は「〜にひと目惚れする」という意味の口語表現です。

3 否定

　多くの文法書では、否定と言えば、部分否定と全体否定、特殊な否定表現、否定による倒置などについての説明が中心となっているようです。もちろんそういったことも大切ですが、この範囲で日本人の誤読・誤訳が非常に多いのは、なんと言っても否定の省略文です。これは日本語と英語の構造上のちがいに起因するものであり、ひどい場合には、ほとんどの人が正反対の意味に解釈してしまいます。

　なぜそのようなことが起こるのかについて、この章では基本の基本から徹底的に解説します。少々くどいと感じられるかもしれませんが、この機会に完全にマスターしてください。

問題

A-25
"Any luck at all, we'll get promoted."
"Never with our luck."

A-26
A: "I don't like to drink more than one bottle of wine in an evening."
B: "I should think not."

A-27
Laura avoided Carol's eager questions, and yet not her hug.

A-28
You can never thank him enough for this matter.

▼訳例と解説

A-25　"Any luck at all, we'll get promoted."
　　　"Never with our luck."

　➡　「運がよければ、われわれは昇進する」
　　　「無理だよ。われわれの運では」

　まずは日本人の最も苦手とする否定省略文について、徹底的に考えてみましょう。この問題についても、「左から右へゆっくり読む」という立場で基本の基本から説明します。くどいと思われるかもしれませんが、以下の基本がわかっていない人は、どれだけ勉強しても永遠に誤読・誤訳を繰り返します。

　まず、例文を4つ見て、それぞれの意味を考えてください。

(1) This is mine. Not yours.

(2) I don't feel like talking to him. Not today.

(3) I feel like talking to him. Not yesterday.

(4) She didn't have an umbrella. Not when it was raining.

　(1) がわからない人は、おそらくいないでしょう。「これはわたしのものだ。あなたのではない」ですね。(2) はどうでしょうか。「彼と話したい気分ではない。きょうはそんな気になれない」だと、すぐにわかったでしょうか。"Not today." を、いったん「きょうではない」と読んだあと、それ

46

では意味が通じないから、どうしたら意味が通じるだろうかと考えてなんとなく正解にたどり着いた、という人はいませんか。これまで長年いろいろなクラスで教えた経験から言うと、8割以上の人があとのケースに属します。そしてその人たちは、運がよければ正しく読め、運が悪ければ誤読するという綱渡りをこれまで繰り返してきたはずです。

　では、なぜ (1) はだれもがすぐわかり、(2) では多くの人が迷うのでしょうか。原因は日本語と英語の否定表現の根本的なちがいにあります。日本語では、否定文は原則として文末に「ない」をくっつければ、それだけで事が足ります。「きょうはいい天気だ」は「きょうはいい天気ではない」にし、「花が咲く」は「花が咲かない」にすればいい。ところが、英語はそういう構造の言語ではありません。原則として動詞の前（あとの場合もあります）に not もしくはそれに準ずる語（never や hardly など）をつけて、文全体の意味をひっくり返すのが英語の否定表現です。だから、なんでもかんでも日本語流にお尻に「ない」をくっつけようとしても、うまくいくときといかないときがあるのです。

　それでは、英語の否定省略文はどんなルールで書かれているのか。まず、(1) の "Not yours." は不完全な文ですが、これを完全な文、つまり主語と動詞を備えた文に直してください。そう、"This is not yours." ですね。くどくなるから主語と動詞を繰り返さないのです。(2) の "Not today." を完全な文にするとどうなりますか。もちろん、これは Not が to-

47

▼訳例と解説

day を否定しているわけではありません。ここで、「左から右へ読む」の原則を思い出してください。"I don't feel like talking to him." を見てきたネイティブは、当然ながら、この文の主語＋動詞の構造を（たとえ無意識にであれ）瞬時に読みとっています。その直後に "Not today." という不完全な文が現れれば、前の文の構造がまだ記憶にあるので、自動的に同じものを補います。つまり、この場合は "I do NOT feel like talking to him TODAY." と意識されるわけです。その意味では (1) も (2) もルールは同じです。要は、**前文の主語・動詞をはじめとする内容を繰り返すのがくどいから、必要最小限の語だけを残して省略するわけです。**

(1) This is mine. This is **NOT YOURS**.

(2) I don't feel like talking to him.
   I do **NOT** feel like talking to him **TODAY**.

(3) と (4) も同じように考えてみましょう。(3) の "Not yesterday." は "I feel like talking to him." の直後にありますから "I did NOT feel like talking to him YESTERDAY." の略です。したがって「彼と話したい気分だ。きのうはそうではなかったけれど」という感じの訳文ができます。

(3) I feel like talking to him.
   I did **NOT** feel like talking to him **YESTERDAY**.

48

(4) の "Not when it was raining." は "She didn't have an umbrella." の直後にありますから "She did NOT have an umbrella WHEN IT WAS RAINING." の略です。「彼女は傘を持っていなかった。雨が降っていたのに」などと訳せばいいでしょう。

(4) She didn't have an umbrella.

She did **NOT** have an umbrella **WHEN IT WAS RAINING**.

さて、それでは今回の A-25 の課題文を見てみましょう。"Any luck at all, we'll get promoted."（少しでも運があれば、われわれは昇進する）のあと、もうひとりの人物が返事を返すわけですが、この場合も、前の文の構造が引きつがれるというルールはまったくいっしょです。"Never with our luck." の前にあるのは "we'll get promoted" ですから、"we'll NEVER get promoted WITH OUR LUCK." が完全な形です。よって、「われわれの運では、ぜったいに昇進しないだろう」というのが、この省略文の正しい訳です。

これをただなんとなく「われわれには運がない」という意味で読みとっても、結果としては「昇進しない」という含みを持つことになりますから、一見正訳のように感じられるかもしれませんが、その読み方では、with のここでの働きも、our が使われている理由も説明できません。そういう行きあたりばったりのいいかげんな読み方を放置しているかぎり、この種の英文の誤読は果てしなく繰り返されるでしょう。

49

▼訳例と解説

never が否定しているのが luck ではなく get promoted で
あることに気づいた人だけが、この問題のほんとうの意味で
の正解者です。

A-26 A : "I don't like to drink more than one bottle of wine in an evening."

B : "I should think not."

⇒ A :「ワインはひと晩に１本までしか飲みたくないな」

B :「そりゃそうだろう」

more than one bottle は「１本以上」ではなく「１本より多く」です。more than など、英語の比較表現は、境目の数値を含みません。ここでは、「１本より多くは飲みたくない」、つまり「１本までしか飲みたくない」と言っています。

Ｂの発言は否定省略文です。前の発言が肯定文なら "I should think so." と言うところで、前が否定文だから so が not になっているだけです。相手の言ったことに同意を示していることに変わりはありません。

"I think not." なら単に「そうだな」ぐらいの意味ですが、should がはいるとやや遠まわしの言い方になります。

▼訳例と解説

A-27 Laura avoided Carol's eager questions, and yet not her hug.

➡ローラはキャロルの熱心な問いかけをはぐらかしたが、抱擁は逃れなかった。

これも同様に考えましょう。not her hug は didn't avoid her hug の省略形ですね。抱きついたのはローラではなく、キャロルのほうです。

...and yet did NOT avoid HER HUG.

A-28 You can never thank him enough for this matter.

➡この件については、彼にどんなに感謝してもしきれない。

熟語表現としてよく知られる "cannot … too 〜"（どんなに……しても……しすぎることはない）の変化形です。enough のかわりに sufficiently が使われることもあります。「大いに感謝している」という意味ですが、正反対に解釈する人が多いようです。

52

問題

A-29　His performance left nothing to be desired.

A-30　There is nothing like this room in an aesthetical sense.

A-31　・Not a few of the students were absent.
　　　・Quite a few of the students were absent.

A-32　・I am not in the least afraid of it.
　　　・He was admired among his colleagues, not least by the
　　　women among them.

A-33　She did not wish to see him; she strongly wished not to
　　　see him.

▼訳例と解説

A-29 His performance left nothing to be desired.

➡彼の演技は、非の打ちどころがなかった。

　これもまったく逆の意味に解釈する人が多いのですが、「望むべきことはひとつも残っていない」のですから、「非の打ちどころがない」「完璧だ」の意味です。逆に leave much to be desired は「改善すべき点が多くある」「不十分だ」の意味になります。

A-30 There is nothing like this room in an aesthetical sense.

➡美的な意味では、この部屋以上のものは考えられない。

　否定の表現で何より注意したいのは、誤読すると正反対の意味になってしまいがちだということです。この文の場合も、「美的な意味では、こんな部屋はありえない」などの誤訳がかなり見られます。

　"There is nothing like ..." は、「匹敵するものがひとつもない」という意味ですから、通常は最高の褒めことばです。

54

"There is nothing like home."（わが家にまさるものなし）という決まり文句を思い出してください。

like のあとに悪いものを置いて、皮肉っぽく逆説的な言い方をする場合もありますが、ふつうは絶賛していると考えてかまいません。

 A-31
- Not a few of the students were absent.
- Quite a few of the students were absent.

➡ ・かなりの数の学生が欠席した。（2文とも）

上の文の Not a few は「少なからず」なので「多い」ということ。下の quite a few や quite a little も「かなり多い」ということ。無冠詞の quite few や quite little は、逆に「ほとんどない」の意味になります。課題のふたつの文は、微妙なニュアンスの差はともかく、大筋ではほぼ同じ意味です。

not **a** few	
not **a** little	かなり多い
quite **a** few	
quite **a** little	

quite few	ほとんどない
quite little	

▼訳例と解説

- I am not in the least afraid of it.
- He was admired among his colleagues, not least by the women among them.

➡ ・わたしはまったくそれを恐れていない。
　・彼は同僚から、とりわけそのなかの女性たちから尊敬されていた。

"not ... in the least" は強い否定ですが、not least は逆に「とりわけ」のような強い肯定の意味になります。

A-33 She did not wish to see him; she strongly wished not to see him.

➡ 彼女は彼に会いたくなかった。だから会わないようにと強く願った。

前半と後半の not の位置に注意してください。前半は wish が否定され、後半は to see him が否定されています。

She did not wish to see him;
　　　└─否定─┘

She strongly wished not to see him.
　　　　　　　　　└──否定──┘

56

問題

A-34
- I don't just like her.
- I just don't like her.

A-35 I couldn't possibly persuade Fred.

A-36 You should not buy new clothes because they are cheap.

▼訳例と解説

A-34
- I don't just like her.
- I just don't like her.

➡ ・ぼくは彼女がただ好きなだけじゃない。
・ぼくはただ彼女が好きじゃないだけだ。

　単語の位置を少し変えるだけで、ほぼ正反対の意味になってしまう例です。

　上の文は just が like の直前にあり、like だけにかかっているので、「好きなだけ」ではない、つまり、好き以上の感情をいだいている（愛しているなど）という含みがあります。

　下の文は just が don't like の直前にあり、don't like 全体にかかっているので、「好きではない」だけ、つまり、単にきらいだという含みがあります。

A-35 I couldn't possibly persuade Fred.

➡わたしはフレッドをぜんぜん説得できなかった。

possibly は肯定文では「おそらく」ですが、not とともに使われると、「おそらく～ない」のような弱い否定ではなく、「まったく～ない」のような強い否定になります。"not … nearly" も同じです。

否定表現には部分否定（「かならずしも～ではない」「～というわけではない」など）と全体否定（「まったく～ない」）がありますが、not と副詞（あるいは副詞句）の組み合わせでは、ほとんどが部分否定であり、全体否定になるのは "not … at all"、"not … in the least"、"not … possibly"、"not … nearly" の 4 つぐらいしかありません。

全体否定になるのは
not … at all
not … in the least
not … possibly
not … nearly

▼訳例と解説

A-36 You should not buy new clothes because they are cheap.

➡安いからといって、新しい服を買うべきではない。

「高いから」ならともかく、「安いから、新しい服を買ってはいけない」ではどうも意味が通りません。ここは "buy new clothes because they are cheap" をひとまとまりととらえ、その個所全体が否定されていると考えて、「"安いから買う" ということはいけない」と読めばつじつまが合います。このような意味の場合、通常は because の前に just や only や simply が挿入され、本来はそちらのほうが明快な英語とされているのですが、現実にはこのような悪文と付き合わなくてはいけない場合もあります。

× You should not buy new clothes because they are cheap.
　　　　　　否定

○ You should not buy new clothes because they are cheap.
　　　　　　否定

60

学習相談 Q & A *part 1*

Q. 日本人がいちばん誤訳する文法項目は？

　3か条の②に、「自分の弱点となっている文法事項を知り、覚えるべきことは覚える」と書きました。本来ならば、各自で弱点を洗い出してもらいたいのですが、わたしが多くの生徒を見てきた経験から言うと、日本人が最も多く誤訳・誤読する文法事項はつぎの3つです。

（1）否定
（2）冠詞の有無や単数形・複数形の区別
（3）カンマや and や or で何と何が並ぶか

　（1）は日本語とちがう論理が働くからです。これについては A-25からの解説にくわしく書いているので、否定が出てきた際には「論理のちがい」を意識してください。
　（2）は日本語に存在しないものなので、どうしても注意が行き届かなくなります。
　（3）は、つねに筋道立てて読み、訳していれば、たいてい防げるはずです。その際に、何度も書いたとおり、「違和感」を大事にしてください。

4 助動詞・不定詞

　助動詞で最も多い誤読・誤訳は、完了形を後ろに従えた形の意味の取りちがえだと思います。とりわけ、must have と should have の混乱がよく見られます。また、can と be able to、must と have to の微妙な差異も、この機会にぜひ確認してください。

　不定詞では、形容詞用法において、直前の名詞と to 不定詞がどのような関係にあるのか、意味上の主語なのか目的語なのか、あるいはそのどちらでもないのかといったことを、いつでも判別できる必要があります。それができないと、こみ入った文になったときにわけがわからなくなることがよくあるからです。

問題

A-37
- He could solve the problem in ten minutes.
- He was able to solve the problem in ten minutes.

A-38
- I must read the book three times.
- I have to read the book three times.

A-39
He said he would come and he did come.

A-40
Those shitty jokes of yours gotta go!

A-41
Her eccentric conduct has yet to be explained.

A-42
- The road was wet, so the car must have slipped there.
- That something could keep him up at times when he should have felt terrible was amazing to him.

▼訳例と解説

- He could solve the problem in ten minutes.
- He was able to solve the problem in ten minutes.

➡ ・彼はその問題を（解こうと思えば）10分で解ける。
　・彼は（実際に）その問題を10分で解くことができた。

　can と be able to の意味はまったく同じではありません。端的に言えば、can は「能力」のみを表すのに対し、be able to は「能力＋実行」を表します。現在形の場合は、いまこの瞬間のことを表すわけではないので、結局のところ両者の差は生じませんが、過去形になるとちがってきます。「～ことができた」という日本語は両方の意味を表しうるので、要注意です。問題文の上のほうは、現在の話で仮定法過去の could が使われていて、「彼なら10分で解けるだろう」の意味だと考えるのがふつうです。

can ＝能力のみ（実行するかどうかはわからない）
be able to ＝能力＋実行

- I must read the book three times.
- I have to read the book three times.

⇒ ・その本を3度読まなければならない。(自分でもそう思う)
　・その本を3度読まざるをえない。(自分はかならずしも望まないが、立場上しかたない)

厳密に言うと、must は語り手の主観的感情、have to は客観的状況を表す傾向があります。ただしこれはほんとうに微妙なニュアンスの差異にすぎず、過去や未来など、たいていの場合ではほとんど意識する必要がありません。ただ、have to については、機械的に「〜なければならない」とするのではなく、「〜ざるをえない」と訳すとぴったりする場面が多いのも事実です。

must ＝主観的感情
have to ＝客観的状況

▼訳例と解説

A-39 He said he would come and he did come.

➡彼は来る予定だと言い、実際に来た。

　and のあとには that がありませんから、後半は彼の話した内容ではなく地の文です（A-08参照）。話した内容と考えると意味が通りませんね。ここでの do は強調を表す助動詞で、「実際に」「まさに」「ほんとうに」などの訳語があてはまりますが、特に訳出する必要がない場合もあります。

A-40 Those shitty jokes of yours gotta go!

➡おまえのくだらない冗談なんかまっぴらだ。

　かなりくだけた形です。have to は口語ではよく 've got to の形になるのですが、この 've が落ちて got to となり、さらにくだけると gotta になります。gotta go で「どこかへ行ってしまえ」ということですね。shitty の意味は、あえてここに詳述しませんが、もちろん「shit みたいな」ということです。

A-41 Her eccentric conduct has yet to be explained.

➡彼女の奇行については、まだ説明されていない
（これから説明されるべきだ）。

　have yet to は have to に yet がはさまっている形で、「いまだに〜すべきだ」→「まだ〜していない」の意味になります。どこにも否定語がないのに否定的な意味を帯びるのはそういうわけです。have があって、しかも yet がつづくので、これを現在完了形と勘ちがいして、「すでに説明された」などと解釈する人がいますが、それでは to の説明がつきません。

> have yet to は「まだ〜していない」という意味の
> 助動詞の仲間。現在完了形ではない。

▼訳例と解説

- The road was wet, so the car must have slipped there.
- That something could keep him up at times when he should have felt terrible was amazing to him.

➡ ・あの道は濡れていたから、車はそこでスリップしたにちがいない。
・ひどくつらい思いをするはずなのに、どういうわけか元気でいられることがたびたびあったのは、彼にとって驚きだった。

"must have ＋ 過去分詞"（〜したにちがいない）と "should have ＋ 過去分詞"（〜べきだったのに）を混同しないこと。

第1文は、道が濡れていたという事実を述べたあとで、「車がそこでスリップした」と強く推定しています。

第2文は、主語がものすごく長い、典型的な"頭でっかち"の文で、That ではじまる節が terrible までつづき、そこまでがすべて主語です。

must have ＋ 過去分詞「〜したにちがいない」
should have ＋ 過去分詞「〜べきだったのに」

問題

A-43
- Phil has a lot of friends to support him.
- Phil has a large family to support.
- Phil has a good income to support his family on.
- Phil has no intention to support his family.

A-44 Bob appeared to have been sick in bed since he had grown into his teens.

A-45 In the end the business went bottom up. To think he made such a decision.

A-46 I listened to everything he told me to.

A-47 I'll send you nine tenths of the money I promised you to pay.

▶訳例と解説

- Phil has a lot of friends to support him.
- Phil has a large family to support.
- Phil has a good income to support his family on.
- Phil has no intention to support his family.

➡ ・フィルには、助けてくれる友がたくさんいる。
　・フィルには、養うべき大家族がある。
　・フィルには、家族を養うのにじゅうぶんな収入がある。
　・フィルには、家族を養う気がない。

　すべて不定詞の形容詞用法の例文で、名詞とあとの不定詞の関係には4通りあります。順に、「主語と動詞の関係」、「目的語と動詞の関係」、「前置詞のあとに名詞（前置詞の目的語）がつながる関係」、「単なる修飾関係」です。

① Phil has a lot of friends to support him.
　　　　　　　　主語　　　動詞
② Phil has a large family to support.
　　　　　　　目的語　　動詞
③ Phil has a good income to support his family on.
　　　　　　　前置詞の　　　　　　　　　　前置詞
　　　　　　　目的語
④ Phil has no intention to support his family
　　　　　　　　↑_____↑
　　　　　　　　　　単なる修飾

4番目はいつでも成り立つのではなく、(1) 時間や機会を表す語（time や chance など）の場合、(2) be able to → ability to のように、もとの形容詞や動詞が to と結びついた熟語表現の名残である場合、のどちらかしかありません。例文は (2) のケース（intend to → intention to）です。

A-44 Bob appeared to have been sick in bed since he had grown into his teens.

➡13歳になって以来、ボブは病気で寝たきりらしかった。

appeared to have been sick のところは「過去形＋完了不定詞」の形なので、過去のある時点でそれよりさらに前のことを推測しています。teens は末尾に teen のつく数、つまり thirteen から nineteen を表すので、厳密には「十代」ではありません。

▼訳例と解説

> **A-45** In the end the business went bottom up. To think he made such a decision.
>
> ➡ ついに景気がひどく悪くなった。彼があんな決断をしたなんて、びっくりだ。

　第1文は bottom up の誤読が多く見られます。bottom up と top down は半ば日本語化していて、企業などの意思決定のプロセスで、それぞれ「下位から上位へ」「上位から下位へ」の意味で使われますね。その言い方自体が和製英語というわけではありませんが、この英文の bottom up はそれとは無関係で、単に bottom が上に来てひっくり返る、転覆するという意味で使われています。日本語のボトムアップからの連想で、「景気が好転した」と読んでしまう人もいますが、ここは船にたとえたような言い方で、景気が悪化したことを表しています。

　第2文の "To think (that あるいは of) 〜" は、「〜なんて、考えてもみてくれ」「〜とは驚いたよ」というニュアンスを持つ言いまわしです。辞書では調べにくく、慣れないと使いづらい表現ですが、けっこう耳にします。

A-46 I listened to everything he told me to.

➡わたしは、彼が聞けと命じたことすべてを聞いた。

文末の to を見落としてはいませんか。to がなければ単に「彼の発言を全部聞いた」ことになりますが、この to は理由もなくついているのではなく、あとに動詞が省略されているしるしです。省略されている動詞は、もちろん listen 以外に考えられませんね。つまり、これは「彼が聞けと命じたことすべてを聞いた」となり、微妙に意味が異なります。何もかも聞いたのではなく、指示されたことだけに注意を傾けたのです。

I listened to everything he told me to [listen].

文末に to があるときは、
何が省略されているかを考えるべき。

▼訳例と解説

A-47　I'll send you nine tenths of the money I promised you to pay.

➡払うと約束したお金の10分の9を払います。

　まずは分数の表現の確認から。数に関する表現は日本人の苦手なところのひとつです。a tenth が10分の1で、それが9つぶんだから nine tenths と複数形になります。
　つぎに不定詞について。下の2文を見比べてください。

I promised you to pay the money.
I wanted you to pay the money.

　動詞以外はまったく同じですが、お金を払うのは、上の文では I、下の文では you であることに注意してください。こういった「SVO + to 〜」の形では、下の文のように目的語が不定詞の意味上の主語になるのがふつうで、文の主語がそのまま不定詞の意味上の主語にもなるのは動詞が promise のときだけです。

I promised you to pay the money.
　　　　意味上の主語

I wanted you to pay the money.
　　　　意味上の主語

74

学習相談 Q & A *part 2*

Q. 英文法を効率よく学ぶにはどうすればよい？

　数百ページに及ぶ文法の解説書を１ページ目から読みはじめ、最後まで読みきることができる人はほとんどいないでしょう。それだけの強靱な精神力の持ち主がいたら、もちろん尊敬しますが、人間は意志の弱い動物です（当然ながら、わたし自身も含めて）。

　現実には、たいていの人にとっては、基本的なことをある程度覚えたら、問題演習形式のものをどんどんやって、まちがえた経験を糧として身につけていく形のほうが向いています。最初から完璧をめざすのではなく、徐々に補完していくほうが、遠まわりのようで近道でしょう。

　ただし、同じ問題集に２度以上取り組むことが大切です。ほんとうに身につくのは２度目や３度目ですから。

　取り組み方として、まちがった問題に印をつけて、その問題だけやりなおすという方法をとっている人は多いと思います。

　しかし、さらに効果的な方法として、正解した問題に、１回めは赤丸、２回目は青丸をつけていき、全問に青丸がついた時点で合格と見なすというやり方があります。この方法で１冊の問題集を終えるほうが、５冊の問題集を１回だけやりっ放しにするよりも、まちがいなく効果があります。もちろん、これは英文法の話にかぎりません。

5　動名詞・分詞

　動名詞とは、文字どおり動詞が名詞の働きをする形を指します。そして、分詞とは動詞が形容詞の働きをする形、分詞構文とは動詞が副詞の働きをする形を指します。分詞と分詞構文の区別がつかない人は、まずそれを覚えてください。

　動名詞については、目的語に動名詞のみをとる（不定詞をとらない）動詞が10個ほどあり、それを覚えるのが何より先決ですが、この本にはあえてそれらの動詞を列記しないので、覚えていない人は文法書を見てください。

　分詞については、意味上の主語を見きわめることや、本動詞と混同しないことが重要です。

　分詞構文については、時を表すのか理由を表すのかなどとよく迷うのですが、どれかひとつの意味に限定したければ、書き手も when だの because だの if だの、接続詞を使って言えばよいわけですから、そもそも分詞構文というのは意味があいまいでもかまわないときに使われることが多いのです。それよりむしろ、文の前半と後半で意味上の主語が同じなのか変わっているのかに注目しつつ、全体の流れをつかんでください。

問題

PART A 基礎編 動名詞・分詞

A-48
- I forgot to lend him the money.
- I forgot lending him the money.

A-49
- I tried to call you yesterday, but my cell phone was broken.
- I tried calling you yesterday, but you didn't answer.

A-50
While young, I liked neither reading aloud nor being read aloud to.

A-51
The thought of him never being able to return home was a shock to me.

A-52
She used to say she wasn't used to speaking in public.

A-53
- The spectators excited at the game shouted loudly.
- The man lived next to a cottage named Graham.

▼訳例と解説

- I forgot to lend him the money.
- I forgot lending him the money.

➡ ・彼にお金を貸すのを忘れた。
　・彼にお金を貸したことを忘れた。

　"forget to ..." と "forget ...ing" のちがいは、前者がその時点よりあと（未来）について語っているのに対し、後者はその時点より前（過去）について語っているということです。remember についても同様のことが言えます。
　例文では、上が「これから貸す」ことを忘れた（つまり、まだ貸していない）のに対し、下は「すでに貸した」ことを忘れたので、正反対の意味になります。

forget to ... 「〜するのを忘れる」
forget ... ing 「〜したのを忘れる」

- I tried to call you yesterday, but my cell phone was broken.
- I tried calling you yesterday, but you didn't answer.

➡ ・昨日電話しようとしたんだけど、携帯が壊れてたんだ。
　・昨日電話してみたんだけど、きみが出なかったんだ。

　前問では remember と forget を紹介しましたが、try もあとに不定詞が来るときと動名詞が来るときで意味がちがいます。"try to ..." は「これからしようとしていること」への言及であるのに対し、"try ...ing" は「すでにしたこと」への言及です。日本語訳は前者が「…しようとする」（実際にしたかどうかは不明だが、していない場合が多い）、後者が「…してみる」（実際にした）となります。

　問題文の場合、上は電話をかける行為（ボタンを押すなど）そのものができなかったので "try to ..." を使い、下は電話をかけたものの相手のせいで通話できなかったので "try ...ing" を使っているわけです。

　ただし、現実には多くのネイティブはここまで厳密な使い分けはせず、下の意味でも "try to ..." と言う場合が多いようです。remember や forget と比べて、不定詞と動名詞の差が小さいと言ってよいでしょう。

▼訳例と解説

A-50 While young, I liked neither reading aloud nor being read aloud to.

➡幼いころ、わたしは声を出して読むのも読んでもらうのも好きではなかった。

reading aloud と being read aloud to が、ともに動名詞です。ただし、その部分でまちがえる人は少なく、むしろこの文でいちばん問題なのは young の意味です。英語の young は日本語の「若い」よりもはるかに意味の広い単語で、たとえば3歳の子を young boy と呼んでもまったく変ではありません。この文はいわゆる「読み聞かせ」の話をしているのでしょうから、「若いころ」ではなく「幼いころ」や「子供のころ」という訳が適切です。もちろん、「若い」でも誤りとは言いきれませんが、前後の文脈を考えずに young をなんでもかんでも「若い」とする人が非常に多いので、注意を喚起する意味をこめて出題しました。

また、aloud が「大声で」の意味になることは、現代英語ではまずありません（「大声で」は loudly）。

young は「若い」とはかぎらない。
「幼い」という訳が適切なこともある。

80

A-51 The thought of him never being able to return home was a shock to me.

➡彼が二度と家に帰れないと思うと、ショックだった。

himがnever being以下の意味上の主語となっています。「彼が二度と家に帰れないという考えは〜」ではわかりにくいので、訳例のようにしました。考えたのは彼ではなく、わたしであることに注意してください。him never beingの部分はhis never beingになることもあります。

The thought of <u>him never being able to return home</u>
was a shock to me.
himが意味上の主語

A-52 She used to say she wasn't used to speaking in public.

➡人前で話すのに慣れていない、と彼女はよく言っていたものだ。

前半のused toのtoは不定詞ですが、後半のwasn't used toのtoはただの前置詞なので、あとに来る形はspeakではなく動名詞のspeakingになります。

81

▼訳例と解説

A-53
- The spectators excited at the game shouted loudly.
- The man lived next to a cottage named Graham.

➡ ・試合に興奮した観客たちは、大声で叫んだ。
・その男は、グレアムという名の家の隣に住んでいた。

見かけは似ていますが、ふたつの文の構造はまったくちがいます。上は excited が過去分詞で、shouted が述語動詞。下は逆に lived のほうが述語動詞で、named が過去分詞です。まちがいの大半は、下を「小屋の隣に住んでいる男の名前はグレアムだった」のように、動詞と分詞を逆にとらえて訳したケースです。その場合は "The man living next to a cottage was named Graham." とならなくてはなりません。

なお、家に名前がついているというのは日本人にはあまりなじみがありませんが、イギリスの田舎などではよくあることです。

<u>The spectators</u> <u>excited</u> at the game <u>shouted</u> loudly.
 主語   過去分詞   述語動詞

<u>The man</u> <u>lived</u> next to a cottage <u>named</u> Graham.
 主語 述語動詞   過去分詞

問題

A-54 I found a sleeping cat in the sleeping car.

A-55 If we could straighten the coastline of these countries out, it would be long enough to reach the moon and back, with enough left over to go around the earth at the equator.

A-56 A prey to fear, she has been sick in bed for three days since last Monday.

A-57 Put simply, money is, unless well used, the root of all evil.

A-58 A piece of paper, pierced by a wild rose the shade of dried blood, fluttered in the moist wind, sending out a Morse code in the low morning sunlight.

A-59
- Pamela was scared out, fear of the tests having a heavier gravity than anything.
- Her head leapt from the pillow, staring wildly into the darkness.

▼訳例と解説

> **A-54** I found a sleeping cat in the sleeping car.
>
> ➡わたしは寝台車で、眠っている猫を見つけた。

　ふたつの sleeping のどちらが分詞で、どちらが動名詞でしょうか。分詞は形容詞で、動名詞は名詞でしたね。前者は sleeping が cat にかかって「眠っている猫」の意味になるので分詞、後者は sleeping が「眠ること」の意味で、car for sleeping =「寝台車」なので動名詞です。

> **A-55** If we could straighten the coastline of these countries out, it would be long enough to reach the moon and back, with enough left over to go around the earth at the equator.
>
> ➡これらの国々の海岸線を伸ばして直線にできたら、月まで往復し、さらに地球を赤道上でゆうに一周するだけの長さになる。

　with 以下が、いわゆる付帯状況（with + O + C）を表しています。例文では enough（O）が過去分詞 left（C）の意味上の主語です。left の位置には、現在分詞やただの形容詞のほか、"He was in his usual chair with his feet by the fire." の by the fire のように、句がはいることもあります。

84

A-56 A prey to fear, she has been sick in bed for three days since last Monday.

⇒恐怖の虜になったまま、彼女は今週の月曜から
３日間病床にある。

A prey to fear の前に Being が省略されているとも考えられるので、これも一種の分詞構文です。訳例は「〜まま」としましたが、理由と解釈して「恐怖の虜になったので」などとしてもかまいません。

また、文脈から考えてきょうは水曜（または木曜）ですから、last Monday は「先週の月曜」ではなく「今週の月曜」です。next についても同様の問題が起こりうるので要注意です。

A-57 Put simply, money is, unless well used, the root of all evil.

⇒簡単に言うと、お金は、うまく使わないかぎり、
諸悪の根源である。

Put simply の部分が分詞構文。「述べる」という意味の put の過去分詞です。Simply put のようにひっくり返しても同じ意味です。

85

▼訳例と解説

A-58　A piece of paper, pierced by a wild rose the shade of dried blood, fluttered in the moist wind, sending out a Morse code in the low morning sunlight.

➡乾いた血の色を帯びた野バラに刺し貫かれた紙片が、湿っぽい風にはためきながら、朝の弱い日差しの中でモールス信号を送り出していた。

　小説の一節です。"A piece of paper fluttered in the moist wind" が本筋で、pierced で始まる形容詞句と、sending ではじまる副詞句（分詞構文）によって修飾されています。ただ、英語の読み方としては、「紙片が……貫かれていて……はためいていて……送り出している」のように、左から右へと流れに乗っていけばよいでしょう。

　a wild rose the shade of dried blood の部分がやや読みにくいかもしれませんが、名詞のあとに the shade of をつけて「〜の色合いの〜」という言い方はよく見られます。a girl my age（わたしと同い年の女の子）や a city the size of Tokyo（東京と同じ大きさの都市）などと同じく、あいだに前置詞などをはさまずに言うのがふつうです。

- Pamela was scared out, fear of the tests having a heavier gravity than anything.
- Her head leapt from the pillow, staring wildly into the darkness.

➡︎ ・テストへの恐怖が何より重くのしかかり、パメラは怯えた。
・頭を枕から大きくもたげ、彼女は闇にらんらんと目を凝らした。

　上の文では、前半と後半の主体がちがうので、後半の分詞構文の頭に fear of tests という意味上の主語がついています。それが分詞構文のルールです。
　ところが、下の文では、そのルールが守られていません。前半の主語は Her head ですが、後半の意味上の主語は明らかに she ですね。ルールどおりなら "she staring 〜" となるべきところですが、なんとなくとってつけたような感じになりますし、she がなくても文脈から意味がわかるので、このような形になっています。誤解を招かないかぎりにおいて、こういった省略もよく見られます。

6 比較

　比較は、中学のかなり早い時期で教わるにもかかわらず、最も誤読・誤訳の多い文法項目のひとつです。英文全体の構造をあいまいにとらえたまま、熟語表現の定訳を強引にあてはめようとすると、まったくちがう意味、ときには正反対の意味に解釈してしまいます。

　誤読を防ぐ解決策は、何と何が比べられているかをしっかり見きわめることに尽きます。省略されていることばが何であるかを推測することが必要な場合も少なくありません。特に、否定表現との組み合わせになったときに弱い人が多いようです。

　そのほかでは、最上級において、the のつく場合、a のつく場合、無冠詞の場合のちがいも大切ですから、確実に覚えておいてください。

問題

A-60
- He is as wise as his younger brother.
- This is as good a place as any.

A-61
I waited for fifteen minutes — they seemed as many hours to me.

A-62
It's been five years since I met her. It feels more like ten.

A-63
She doesn't look much more than fifty.

A-64
The differences between the two nations were more apparent than real.

▼訳例と解説

A-60
- He is as wise as his younger brother.
- This is as good a place as any.

➡・彼の知能は弟と同程度だ。
　・ここはどんな場所にも劣らずすばらしい。

上の文は「同じくらい賢い」でたいがい正解ですが、弟の頭が悪ければ、「同じくらいばかだ」になります。さらに言うと、as wise as a monkey なら、「サル程度の知能しかない」などが適訳です。あとに来るものしだいで意味合いが変わることに注意してください。

下の文のように、"as ... as any ..." や "as ... as ... ever ..." の場合は、「どれにも劣らず」「どれよりも」ということで、要するに最上級の意味になります。

A-61 I waited for fifteen minutes — they seemed as many hours to me.

➡わたしは15分待ったが、それは15時間のように思えた。

as many hours は単に長時間ということではなく、「同数の時間」つまりここでは「15時間」です。as は何かのはずみでついているわけではありません。

A-62 It's been five years since I met her. It feels more like ten.

➡彼女と会ってからまだ5年しか経っていない。
（むしろ）10年経ったような気がするのに。

　第2文のどこにも more than ten と書かれていないにもかかわらず、驚くべきことに、ほうっておくと半数以上の人が「10年以上」と訳します。第2文で省略されている部分を補うと "It feels more like ten [than like five]." となりますから、「5年というより、10年経ったような感じがする」と言っているのです。「10年以上」なら "It feels like more than ten." と言うべきです。

A-63 She doesn't look much more than fifty.

➡彼女は50歳を大幅に超える年齢には見えない。

　"not ... more" ではなく、"not ... much more" なので、「50歳を大きく超えるわけではない」の意味。"not ... more" なら「50歳より上には見えない」となり、40歳代の印象ですが、これはむしろ51歳か52歳ぐらいのイメージです。

▼訳例と解説

A-64 The differences between the two nations were more apparent than real.

➡ふたつの国のちがいは現実のものというより、見かけのものにすぎなかった。

　形容詞同士を比較して、「real というよりも apparent だった」ですから、上のような訳になります。apparent は appear（〜のように見える）の派生語ですから、「一見」「見かけは」という意味であり、「明らかだ」の訳語はたいてい不適当です。「現実より明らかだった」などの訳文は、apparent の意味を取りちがえているうえに、real という形容詞を「現実」という名詞にねじ曲げて解釈しており、結果としてほぼ正反対の意味に聞こえます。

問題

A-65　A : "What do you think?"
B : "I couldn't agree more."

A-66　Bob felt it the more difficult to understand the Japanese the longer he stayed in Japan.

A-67　Problems of pollution are affecting Tokyo as much as any other city and probably more than most.

A-68　In terms of physical ability, he was best at the last Olympic Games.

A-69　When cut short, my hair appears to have had electric shock therapy and the strongest of gels will not give it order.

▼訳例と解説

A-65　A :"What do you think?"
　　　B : "I couldn't agree more."

　➡ A :「きみはどう思う？」
　　 B :「大賛成だ」

　正反対の意味にとられがちですが、Bの発言 "I couldn't agree more." は「これ以上強く同意することはありえない」すなわち「大賛成だ」という意味になります。"I can't agree more." と言ってもほぼ同じです。

　このような言いまわしの意味は、ゆっくり理詰めで考えれば納得できると思いますが、わかりづらいのはたしかなので、決まり文句として覚えておくほうがいいでしょう。

　"It couldn't be better."（あるいは、主語が落ちて "Couldn't be better."）が「最高だ」になるのも同じ理屈で、とりあえずこのふたつを暗記しておけば、この種の似た表現にも敏感になれるのではないでしょうか。

A-66 Bob felt it the more difficult to understand the Japanese the longer he stayed in Japan.

➡日本に長くいればいるほど、ボブは日本人を理解しがたいと感じた。

"the 比較級〜, the 比較級〜" の前後が逆転した形、というより、倒置される前の形です。より見慣れた語順だと "The longer Bob stayed in Japan, he felt it the more difficult to understand the Japanese." ですね。まちがえやすいのですが、the Japanese は「日本語」ではなく、「日本人」。この Japanese は名詞ではなく形容詞であり、"the + 形容詞" で複数の人物を表す用法（the rich, the young など）の一例です。

A-67 Problems of pollution are affecting Tokyo as much as any other city and probably more than most.

➡東京が汚染の問題から受けている影響はほかのどの都市にも劣らず、おそらくほとんどの都市よりもまさる。

前半は A-60 の 2 文目と同様で、「どこの都市にも劣らない」。最後は more than the most ではなく more than most なので、more than most cities の省略された形です。

95

▼訳例と解説

A-68 In terms of physical ability, he was best at the last Olympic Games.

➡身体能力について言えば、彼はこの前のオリンピックのときが最高だった。

最上級の best の前に the がある場合と比べてみてください。

In terms of physical ability, he was the best at the last Olympic Games.

In terms of physical ability, he was best at the last Olympic Games.

上は、オリンピックの全参加者（または、彼の競技の参加者）のなかで彼が最も身体能力が高かったと言っています。

下は the がついていません。同じ人やものについて、特定の時刻や場所に最高であることを伝える場合には、通常、最上級に the をつけません。こちらは、彼がほかのどの時点よりもそのオリンピックのときに身体能力が高かったと言っています。the がない例のほうが少ないので、いざ出てきたときに気づかずに誤読しがちです。

A-69 When cut short, my hair appears to have had electric shock therapy and the strongest of gels will not give it order.

➡短く切ると、わたしの髪は電気ショック療法でも受けたようになって、どんなにハードなタイプのジェルでもおさまりがつかない。

ずいぶんな髪の持ち主ですね。

最初の When cut short は、もちろん When（my hair is）cut short のように、主語と動詞が省略された形です。

後半の the strongest of gels 以下は、「最も硬いタイプのジェルが〜」では意味が通りません。これは最も極端な例を引き合いに出して「どんな場合でも〜」と言うケースであり、最上級の前に even を補って考えるとつじつまが合います。最上級の文を読んでいて、なんだか意味が通らない感じがしたら、この言い方を思い出してください。

7 関係詞

　関係詞については、節と節が複雑にからみ合った文がむず
かしいのはもちろんですが、一見単純そうなのに構造が読み
とれない文も存在します。形に慣れるまでは、ゆっくり時間
をかけてかまいませんから、先行詞が何であるとか、ふたつ
の文に分解するとどうなるかとか、ごく基本的なことの確認
を、納得がゆくまで繰り返すほかに体得の道はありません。
そういった手続きを踏まずに速読ばかりしていても、せいぜ
い表面的なコミュニケーション能力が身につくばかりでしょ
う。

　単に訳しにくいだけなのか、英文の構造が見えていないの
か——ほとんどの場合、訳せないのは読めていないからです。
以下の例題で確認してみてください。

問題

A-70
- She denied the fact that it was known to everyone.
- She denied the fact that was known to everyone.

A-71
- He seemed to know nothing about the news, which had surprised me indeed.
- He seemed to know nothing about the news, which surprises me indeed.

A-72
In this country most people start conversation with small talk about the weather, which foreign people find amusing more often than not.

A-73
She said that that *that* that that boy used was wrong.

A-74
The alarm clock beside his bed (which is hardly made) was broken when he knocked it roughly one morning.

▼訳例と解説

- She denied the fact that it was known to everyone.
- She denied the fact that was known to everyone.

➡ ・それがみんなに知られているという事実を、彼女は否定した。
　・みんなに知られている事実を、彼女は否定した。

　上の文の that は同格名詞節を導く接続詞で、下の文の that は関係代名詞。that のあとが完全な文か不完全な文かで見分けます。上の場合は that 以下が fact の内容であるのに対し、下は fact 自体がみんなに知られていると述べています。

　なんでもかんでも「という」を入れて、上の例なのか下の例なのか、自分でも混乱してしまう人がかなりいるので、注意してください。

- He seemed to know nothing about the news, which had surprised me indeed.
- He seemed to know nothing about the news, which surprises me indeed.

➡ ・わたしはそのニュースにひどく驚いたものだが、彼は何も知らないようだった。
・彼がそのニュースについて何も知らないようだったので、わたしはひどく驚いている。

　ふたつの文のちがいは後半が過去完了か現在形かという点だけですが、上の文では which の先行詞が the news であるのに対し、下の文ではカンマの前全体が先行詞となっています。意味が通る読み方はそれしかありませんね。残念ながら、形のうえではどれが先行詞かは見分けがつきません。
　前後どちらから訳すかは、ここでは本質的な問題ではないので、どちらでもかまいません。

▼訳例と解説

> **A-72** In this country most people start conversation with small talk about the weather, which foreign people find amusing more often than not.
>
> ➡ この国では、ほとんどの人が天気にまつわる雑談から会話をはじめるので、外国人はよくそのことをおもしろがる。

　small talk は、本格的な会話の前などに交わされるちょっとした雑談。この国とは、たぶんイギリスでしょう。

　ポイントは which の先行詞が何かということで、形のうえからは small talk や the weather も考えられますが、それ自体を外国人がおもしろがるというのは妙です（むしろ boring であるはずですから）。ここはカンマより前のすべてが先行詞で、そんなふうに大半の人が small talk から会話をはじめることについて興味深く思う、と読むのが筋でしょう。

　最後の more often than not は決まり文句で、比較級や not の分析をしてもあまり意味がありません。似た言い方に as often as not があり、頻度で言うと、高い順に more often than not、as often as not、often だと説明している本もあるようですが、3つともほとんど同じと考えてかまいません。

A-73 She said that that *that* that that boy used was
wrong.

➡ あの少年が使ったあの「that」はまちがってい
ると、彼女は言った。

有名な文なので、見たことがある人もいるかもしれません。

5 個の that のうち、最初が接続詞（"said that 〜"）、最後が「あの」（"that boy"）であることについては問題ないでしょう。後ろから 2 番目の that が関係詞であることも、ほとんどの人がすぐわかったと思います。残るふたつのうち、後ろがイタリックになっているのがポイントで、これがイタリックでなければわけがわかりません。ここは「あの that」「例の that」という意味です。考えられる状況としては、たとえばその少年が何かをさして「これ（this）」と言うべきなのに「あれ（that）」と言っていた、その使い方はおかしい、というようなケースです。

これはゲームのような問題ですから、不正解でもあまり気にしないでください。

She said that that *that* that that boy used was wrong.
接続詞 あの　　関係詞 あの

▼訳例と解説

A-74 The alarm clock beside his bed (which is hardly made) was broken when he knocked it roughly one morning.

➡彼のベッド（ほとんど直すことがない）の横の目覚まし時計は、ある朝乱暴に叩きつけられたときに壊れた。

単純ですが、正しく読みとれる人が少ない英文です。

whichの先行詞は、形のうえからはalarm clockとbedの両方が考えられますが、make bedという決まった言いまわし（「ベッドメーキング」は日本語化していますね）があるので、bedのほうが先行詞です。alarm clockと考えても意味が通りません。

関係詞の文中での働きは、形と意味の両面から考える。

問題

A-75　I can't imagine our life without that means of communication with each other which we call language, that is words.

A-76　These are the trees on the leaves of which silkworms feed.

A-77　There once existed a certain feel to these everyday routines that I regret was lost.

▼訳例と解説

A-75 I can't imagine our life without that means of communication with each other which we call language, that is words.

➡他者に意思を伝える手段、すなわち言語（つまり単語の集まり）のない生活を、わたしは想像することができない。

which と that というふたつの関係代名詞によって、情報が追加されていく文です。最初にまず、that means of communication（means は単数扱いなので that がつきます）のことを language と呼ぶと言っておいて、さらに language すなわち words であると補足しています。

language も words も同じものだから、そこは無視してよいのではないかと思った人は、大事なことを読み落としています。ここは、language（言語）と呼ばれるものは word（単語）がいくつも集まったものだと説明しているのですから、訳出する場合にはそれをはっきりと表現すべきです。

A-76 These are the trees on the leaves of which silk-worms feed.

➡これらは、カイコが葉を常食としている木である。

　混乱しそうなときは、焦って結論を出さずに基本に立ち返ってください。これのもとになっているふたつの文は "These are the trees." と "Silkworms feed on the leaves of the trees." で、両者に共通する the trees が関係代名詞 which の先行詞です。feed on は live on とほぼ同じで、「～を常食とする、餌とする」です。

These are **the trees**.
Silkworms feed on the leaves of **the trees**.

These are <u>**the trees**</u> on the leaves of <u>which</u> silkworms feed.

先行詞

107

▼訳例と解説

A-77 There once existed a certain feel to these everyday
routines that I regret was lost.

➡かつて、日々のこうした繰り返しには、残念な
がらもう失われてしまったが、ある種の手応えが
存在した。

a feel は feeling（感情）とは別物で、「手ざわり、手応え、
印象」などの意味になります。

関係代名詞 that のあとは、わかりにくければとりあえず
I regret をカッコでくくって考えてください。その部分を除
外すると、関係詞の従える動詞は was ですから、先行詞は
複数形の routines ではなく単数形の feel です。

日々の繰り返しは昔もいまもあるけれど、機械的になった
のか、おざなりになったのか、最近は手応えが失われている
というわけです。

問題

A-78 If you want to know what they are, you should also know what goes into what they do.

A-79 Eric spent what money he had on food and clothes.

A-80 No living thing can exist alone: it is part of a system where all forms of life are joined together.

A-81 In a sense, sport began before humans existed for, as we all can observe, the beasts play.

▼訳例と解説

A-78 If you want to know what they are, you should also know what goes into what they do.

➡彼らが何者かを知りたければ、彼らの行動の原点にあるものも知る必要がある。

　関係代名詞 what に導かれる節を訳すときには、抽象的な名詞で全体をまとめるとうまくいく場合があります。what I am と what I was を「いまの姿」「昔の姿」などとするとよいのが好例ですね。

　この文では、what goes into がたぶん最もむずかしいところですが、「何が～になっていくか」をまとめて「原点」「原因」などとするといいでしょう。

A-79 Eric spent what money he had on food and clothes.

➡エリックは、有り金全部（なけなしの金）を食べ物と衣服につぎこんだ。

　単に「お金をつかった」とだけ言いたいなら、わざわざ what をつけずに the money he had と言えばいいわけですから、ここは what に all の意味が加わると考えるべきです。関係代名詞 what の意味は "the thing that 〜" の場合と "all that 〜" の場合があります。この what は、名詞の前についていますから、厳密には関係形容詞と呼ばれるものですが、本質的には同じことで、関係代名詞の what の場合と同様に２種類の意味が考えられます。また、"what little 〜"（少ないながらも〜のすべて）という成句の little が省略された形とも考えられますから、「なけなしの」という訳もありえます。

関係詞 what には
all の意味が含まれる場合がある。

▼訳例と解説

A-80 No living thing can exist alone: it is part of a sys-
tem where all forms of life are joined together.

➡ どんな生き物も、単独では生きられない。それ
は、すべての生命体が共生している体系の一部に
すぎない。

"it is … where …" という形は、仮主語の構文でも強調構文
でもありません。だとしたら、この it はごくふつうの代名詞、
つまり「それ」で、前の何か（もちろん名詞）を指している
ことになります。位置と意味の両方から考えて、it が指して
いるのは living thing しかありえませんね。なお、living
thing と forms of life をどちらも同じ「生き物」や「生物」
と訳してしまうと、区別がつかなくなって非常にわかりにく
くなるので、訳語を変えるのが望ましいところです。

112

A-81 In a sense, sport began before humans existed for, as we all can observe, the beasts play.

⇒ある意味で、スポーツがはじまったのは人類の登場よりも早い。というのも、だれもが見ることができるとおり、動物も遊ぶからだ。

　見抜けない人がかなり多いのですが、for は前置詞ではなく、判断の根拠を表す接続詞で、as 以下の挿入部分のあとの the beasts play は「動物が遊ぶ」という主語＋動詞の形です。as we all can observe の as は関係代名詞で、文の前半すべて、もしくは後半すべてを先行詞とすることが多く（ "He is rich, as I said." や "As I said, he is rich." など）、ここではあとの the beasts play を先行詞としています。動物が遊ぶのはスポーツの原形だということですね。

　In a sense, sport began before humans existed for,
as we all can observe, the beasts play.
　　　　　　　　　　　　　　　　　　↑先行詞

8 仮定法

　現実の英文では、仮定法が使われていることに気づかずに誤読するケースが多いのですが、このように項目別に扱うと「これは仮定法を使った文です」と予告するのも同然で、それだけでずいぶん楽になってしまいます。この章は仮定法とその周辺の文法事項の再確認に利用してもらえばいいでしょう。

　とはいえ、仮定法過去と仮定法過去完了の典型的な形と意味や、「裏にある現実」の読みとりの基本があやふやな人が多いのも事実です。自信がない人は、まず文法書に軽く目を通したうえで本章の例文に取り組むほうがよいかもしれません。

問題

A-82 In investigation, I lost count of how many motels I visited. It would have been discouraging if I had stopped to think about it.

A-83 Suppose the sun should rise in the west, I would never change my mind.

A-84 I would never have said yes ten days ago.

A-85 Her attendance at the party might have encouraged them.

A-86 A witness to this man might have mistaken him for an insomnolent soul more willing to walk on the world than lie beneath it.

▼訳例と解説

A-82 In investigation, I lost count of how many motels I visited. It would have been discouraging if I had stopped to think about it.

➡捜査の途中、いくつのモーテルを訪ねたかわからなくなった。いちいち考えていたら気が滅入ったことだろう。

　第2文が典型的な仮定法過去完了の文ですが、stopped to think を「考えるのをやめる」と読んでわけがわからなくなった人もいるでしょう。stop は不定詞を目的語にとらないので（「考えるのをやめる」は stop thinking）、stop to think は「考えるために立ち止まる」です。

A-83 Suppose the sun should rise in the west, I would never change my mind.

➡たとえ太陽が西からのぼっても、わたしの決心は変わらない。

　if のかわりに provide(d) や suppose(d) が用いられ、あたかも接続詞であるかのような働きをすることがあります。また、文脈から言って、この例文は "even if 〜" の意味に解すべきケースです。このように、条件節に should（または were to）が用

116

いられる形を仮定法未来と呼ぶこともあり、ふつう「仮に」「万一」などと訳します。主節に使うのは would でも will でも、どちらでもかまいません。仮定法と直説法の境目にある表現です。

A-84 I would never have said yes ten days ago.

➡10日前なら、ぜったいにイエスと言わなかった。

　現実の英文では、このように if 節のない仮定法のほうが多いのです。この例では ten days ago に仮定の意味がこめられていると考えるのが自然でしょう。I にこめられていると考えれば、「わたしだったら、10日前に〜」という意味ですが、その場合は I をイタリックにするのがふつうです。

A-85 Her attendance at the party might have encour-aged them.

➡彼女がもしパーティーに出席していたら、彼らを元気づけたかもしれない。

　前の問題と同様です。Her attendance at the party に仮定の意味がこめられていると考えるのが妥当です。「彼女がパーティーに出席しなかったので、彼らは元気がなかった」というのが「裏にある現実」です。

117

▼訳例と解説

A-86 A witness to this man might have mistaken him for an insomnolent soul more willing to walk on the world than lie beneath it.

➡はたからこの男を見ると、地中で眠りに就けな
かった霊が地上をさまよい歩いていると勘ちがい
したかもしれない。

　仮定法過去完了を用いた定形どおりの文です。主語の部分
に仮定の意味が含まれ、「この男をもし見かけた者がいた
ら」という含みがあります。
　後半がややわかりにくいかもしれませんが、「地中に横た
わっているよりも歩きまわるほうを望んだ、眠れぬ魂」と
いったところでしょうか。要は、「この男が幽霊のように見
える」ことをちょっと気取って表現しているわけです。

問題

A-87　The heartsick cry, the alto moan of Jane's voice was piti-
ful. A scream would have been less harrowing.

A-88　You could have heard a pin drop in that room.

A-89　More than a thousand customers of the telephone com-
pany could go out of service were heavy rain to fill this
manhole and water to get into the wires.

A-90　If only I had appreciated her patience as much as I
should have.

A-91　・It's time for you to send the children to bed.
　　　・It's time you sent the children to bed.

A-92　It was imperative that everything in the classroom be put
in order.

▼訳例と解説

A-87 The heartsick cry, the alto moan of Jane's voice was pitiful. A scream would have been less harrowing.

➡暗く沈んだ叫びだったので、ジェーンのアルトのうなり声は痛ましかった。絶叫のほうがよほどましだったろう。

"The heartsick cry," の部分は、厳密には分詞構文の Being が脱落した形とも考えられるので、訳文は理由の意味をこめて「～だったので」としましたが、要は The heartsick cry と the alto moan of Jane's voice が同じものを指していると理解できていれば問題ありません。第2文が仮定法の文で、「沈んだ叫びではなく絶叫だったら」という含みがあります。

A-88 You could have heard a pin drop in that room.

➡その部屋にいたら、針の落ちる音さえ聞こえただろう。

仮定法で最も大切なのはこのような例文であり、小説などでよく見られます。つまり、部屋がしんと静まり返っていたことを、まわりくどく、やや冗談めかして言っているのです。ある種の決まり文句でもあります。

A-89 More than a thousand customers of the telephone company could go out of service were heavy rain to fill this manhole and water to get into the wires.

⇒万一このマンホールが豪雨で満たされ、回線が水浸しになったら、電話会社の千人を超える顧客が電話を使えなくなる可能性がある。

仮定法の文が倒置されています。後半（were 以下）を標準的な形に直すと "if heavy rain were to ..." となり、A-83の解説後半で述べたのと同じ形となります。

A-90 If only I had appreciated her patience as much as I should have.

⇒彼女の辛抱強さをしっかり正当に評価してやればよかったのだが。

If only のかわりに I wish を用いても意味は同じで、仮定法過去完了によって、過去の事実に反する仮定が述べられています。最後の should have のあとは appreciated が省略されており、くわしく言えば「本来評価してやるべき程度と同等に」という意味です。

▼訳例と解説

- It's time for you to send the children to bed.
- It's time you sent the children to bed.

➡ ・子供たちを寝かせる時間だ。
　・もう子供たちを寝かせるはずの時間だ。(それなのに、まだ寝かせていないのか)

　伝えようとしている客観的事実はほぼ同じですが、上の文が単にその時刻が来たと言っているだけなのに対し、下の文は仮定法過去が使われているので、「もう寝かせなくてはならないのに、現実にはまだだ」という含みがあり、やや苛立っている感じがします。「it is time ＋仮定法」という形で成句として載せている文法書も多いですね。

It was imperative that everything in the classroom be put in order.

➡教室じゅうの何もかもを片づける必要があった。

　訳には直接反映しませんが、that 節の動詞が原形の be であることに注意してください。命令・要求・提案などを表す動詞や、必要・当然・驚きなどを表す形容詞のあとでこの形をとります（仮定法現在と呼ぶこともあります）。原形ではなく should がつく形もありますが、少々古い英語です。

学習相談 Q & A *part 3*

Q. 英文を速く読み進めるためには？

　一度読んだ英文を期間をあけて読む「二度読み」という
トレーニングが効果的です。半分覚えて、半分忘れている
程度のものであれば、読むうえであまりストレスはないで
すし、ふだんより速く読む感覚に慣れていくうちに、徐々
にそれが本物になっていくからです。

　時間内に大量の英文を読まなくてはいけないタイプの試
験勉強をすることも効果的です。たとえば、30分の試験で5
つの長文があるとします。もし3つしか読みきれない場合に
は、30分で終えるのではなく、時間がかかっても5つを読み
きりましょう。そのあとで、辞書などを引きながら、納得が
ゆくまでじっくり読みなおします。それを10セットか20セッ
トやったところで、同じものを再読すると、最初は50分か
かっていたものを30分ぐらいで読むことができるでしょう。

　もちろん、既読の英文ですから真の実力とは言えませんが、
すべて繰り返したあたりで新しいものをやってみると、40
分ぐらいで読めるようになっているでしょう。あとはその
積み重ねをすればよいのです。

　わたし自身、若いころに TOEFL などの問題を使って半
年ぐらいそういう練習をした結果、読むスピードが倍以上
になりました。

9 相関構文・特殊構文

"so ... that ..." や "not only ... but [also] ..." などを代表とする相関構文のたぐいは、覚えてしまえばさほどむずかしくはないので、この章では「公式」にひとひねり加えたものを中心に扱います。

特殊構文には大きく分けて5、6種類ありますが、仮定法と同じで、どれが使われているかが先にわかってしまうと簡単になってしまうので、ここでは個々の項目についての説明を先立ってすることを控えます。まずはこの章でそれぞれの典型的な形を確認し、より複雑な形が登場する【PART B】への足慣らしをしてください。

問題

A-93　Barely had I arrived at the hotel when he telephoned me.

A-94　You may have the loan now you have offered security.

A-95　What would happen if all the children over the world mastered another language along with their own? Not just another language, but the same?

A-96　I was happy with my purchase. It wasn't really that I got a good deal, it was more that I was greeted with a smile and helped quickly.

A-97　You can't be too pessimistic about the future. Not about mine, anyway.

A-98　Tom must be looking forward as much to Mary's return as she is herself to his.

▼訳例と解説

A-93 Barely had I arrived at the hotel when he tele-
phoned me.

➡ホテルに到着するとすぐ、彼から電話がかかっ
てきた。

"hardly (scarcely) … when (before) 〜" の形がよく知られ
ていますが、このように barely を使ってもかまいません。
"as soon as …" や "no sooner … than 〜" などとほぼ同じ意味
ですね。A-16と同様、前半が過去完了、後半が過去形なので、
左から右へ、時間の順序どおりに読んで訳すべき文です。

A-94 You may have the loan now you have offered secu-
rity.

➡保証金を出したのだから、お金を貸してもらえ
るだろう。

now のあとに that が省略されていると考えられます。"now
that …" は「いまや〜だから」という意味の成句です。訳例で
は may を推量と見て「〜だろう」と訳しましたが、許可と考
えて「貸してあげよう」のように訳してもかまいません。

126

A-95 What would happen if all the children over the world mastered another language along with their own? Not just another language, but the same?

➡世界じゅうのすべての子供たちが、母国語以外の言語をひとつ習得したらどうなるだろうか。そして、単にもうひとつというだけでなく、それが共通の言語だったら？

　just と only はほぼ同じ意味なので、２番目の文は "not only ... but〔also〕〜" と同様の構文ですから、上の意味になります。"not ... but 〜" と取りちがえて「別の言語ではなく、同じ言語だったら」と誤訳するケースがよく見られます。

"not only ... but〔also〕〜" の変化形を
"not ... but 〜" と見まちがえないこと。

▼訳例と解説

A-96 I was happy with my purchase. It wasn't really that I got a good deal, it was more that I was greeted with a smile and helped quickly.

➡わたしはその買い物に気をよくしていた。よい条件で買えたことより、向けられた笑顔とてきぱきした対応による満足のほうが大きかった。

第2文の "it wasn't really that 〜" と "it was more that 〜" のところが、意味がとりづらいでしょう。こういう場合は、"it is that 〜" の that を because に変えてみると意味がはっきりします。買い物が楽しかったのは、安かったからというより接客態度がよかったからだ、という流れの文です。

単独でこの言い方が出てくる場合は、"I mean that 〜" や "I don't mean that 〜" に変えてみる手もありますが、前文との関係を明確にしたい場合は because にするとうまくいく場合が多いです。

A-97 You can't be too pessimistic about the future. Not about mine, anyway.

➡未来はいくら悲観してもしすぎることはないよ。少なくとも、ぼくの未来についてはそうだ。

"cannot … too 〜"（どんなに……しても……しすぎることはない）のあとに、A-25から A-27で扱った否定省略文がつづいています。

第1文は「悲観しすぎということはない」、つまり「未来は絶望的なものだ」と嘆いている文です。第2文は、mine = my future については「そうではない」と言っているのではなく、**前文が否定なので同じことを繰り返さないために not 1語で代表させている**わけです。長く言えば、"You can't be too pessimistic about my future, anyway." ということですね。

特殊構文のひとつである「省略」の形に該当するとも言えます。

▶訳例と解説

 Tom must be looking forward as much to Mary's return as she is herself to his.

➡トムがメアリーの帰りを心待ちにする気持ちは、メアリーがトムの帰りを待つ思いと同じぐらい強いにちがいない。

　これも「省略」の例です。後半がわかりにくいかもしれませんが、"as she is herself [looking forward] to his [return]" と補って考えてみてください。ふたりの互いに対する気持ちが同程度だということです。herself は強調のために使われており、この文の場合は訳出の必要はないでしょう。

問題

A-99 It is not our teacher but you who are to blame.

A-100 Computed tomography is a medical method which uses an electromagnetic spectrum to form an image, or tomogram, of a cross-section of the patients' head or torso.

A-101 The first known surgery in history was probably trephining, or drilling the skull. This may have been a cure for headache.

A-102 He left the care for his son, whom he argued he did love, mostly, if not entirely, to his sister.

A-103 The novelist shared the idea of some young progressive painters and endeavored to parallel in words their effects in paint.

A-104
- With no jobs Bobby would be happy.
- With no jobs would Bobby be happy.

131

▼訳例と解説

A-99 It is not our teacher but you who are to blame.

➡責めを負うべきなのはわたしたちの先生ではな
く、あなただ。

　特殊構文のひとつ、「強調」の例です。it ではじまる強調
構文の典型的な例ですね。who のあとの動詞が are なのは、
"not … but 〜" の形では but のあとの部分（この場合は
you）が主要素で、動詞もそれに呼応するからです。

A-100 Computed tomography is a medical method which
uses an electromagnetic spectrum to form an im-
age, or tomogram, of a cross-section of the patients'
head or torso.

➡コンピューター断層撮影（ＣＴ）は、電磁波を
用いて、患者の頭部や胴体の断面の画像、すなわ
ち断層写真を作成する医療技術である。

　特殊構文のひとつ 「同格」の例です。"or tomogram" の
or は「すなわち」の意味で、image を別のことば（この場
合は tomogram）に言い換えています。A-10にも同じ用法の
or が出てきました。通常はむずかしいことばをやさしく言
い換えるものですが、これは数少ない逆のケースです。

132

A-101 The first known surgery in history was probably trephining, or drilling the skull. This may have been a cure for headache.

➡歴史上最初の手術は、頭蓋骨への穿孔術、つまり穴をあける手術だったと思われる。頭痛を治療するためだったのかもしれない。

　これも「同格」の例です。

　trephining（管錐術、穿孔術）はあまり聞き慣れない、むずかしい単語なので、直後で drilling というやさしい表現に言い換えられています。したがって、**or の意味は「または」ではなく、「つまり、すなわち」です。**

　生徒の訳文では trephining を「冠状ノコギリによる手術」としたり、drilling を「ドリルで穴をあけること」としたりという例が多く見られました。ここは文脈から考えて、原始時代の話だと判断できれば、ノコギリやドリルが出てくるのは変であることに気づくことができるはずです。**訳してみてはじめて、誤読や読みの浅さがわかる典型的な例です。**

▼訳例と解説

A-102 He left the care for his son, whom he argued he did love, mostly, if not entirely, to his sister.

➡彼は息子をたしかに愛していると言い張ったが、その息子の世話を、全部ではないにしろ、ほとんど自分の妹にまかせていた。

　特殊構文のひとつである「挿入」の例です。**挿入があると、文が読みづらくなりますが、左から右へと流れを追っていくことが大切です。**

　"He left the care for his son" を leave A for B（A から B へ向かう）の形と読んでも意味が通りません。そのため、ここは「彼は息子の世話を left した」のように中途半端なまま読み終えるのがむしろ正しいです。**その物足りなさは、「あとで補ってくれるものが現れる」と予想しながら読んでいくための原動力となります。**

　つづいて whom から息子の説明となり、mostly, if not entirely がどこにかかるか迷うかもしれません。ただ、これらが love にかかるとしたら、意味が通りづらく、そもそも love と mostly のあいだにあるカンマが不自然です。

　ここは、whom の前のカンマでいったん本筋から離れ、ふたつ目のカンマで本筋にもどったと読むべきです。となると、mostly, if not entirely は関係詞の節を飛び越えて、主節の left にかかると判断できます。

そうすれば、あとの to his sister も合わせて、先ほどの物足りなさをうまく埋め合わせてくれますし、すべてつじつまが合うことがわかります。

▼訳例と解説

A-103 The novelist shared the idea of some young pro-gressive painters and endeavored to parallel in words their effects in paint.

➡その小説家は一部の若手前衛画家たちと同じ考えを持ち、彼らが絵で表現した効果と同等のものをことばで表そうとした。

特殊構文のひとつである「倒置」の例です。

2行目の and より前の部分は問題ないでしょう。後半の their は some young progressive painters を受けています。ここは文法どおりなら [the novelist] endeavored to parallel their effects in paint in words という語順となるべきです。「その作家は、彼ら（＝前衛画家たち）の絵における効果に、ことばにおいて匹敵しようとした」という意味になりますね。

ただ、そのような語順では、in paint と in words がつづいて読みにくくなるので、parallel in words を先に言って their effects in paint を後ろへまわしたというわけです。

136

A-104
- With no jobs Bobby would be happy.
- With no jobs would Bobby be happy.

⇒ ・仕事がないので（なくても）、ボビーは幸せ
　 だろう。
　・どんな仕事に就いても、ボビーは幸せになれ
　 ない。

これも「倒置」の問題です。

上は no が jobs だけを否定していて、**否定の意味合いが全
文に及んでいないので、倒置が起こっていません**。だから、
「仕事がゼロであるから（ゼロなのに）、ボビーは happy だ
ろう」と読むべきです。順接なのか逆接なのかはボビーの性
格しだいです。

一方、下は with no jobs 全体で「どんな仕事でも……な
い」という働きをしているので、**文頭の否定が全文に及び、
倒置が起こっています**。

似た例をあげます。上と同様に考えればわかりますね。

In no clothes she looks sexy.（裸だと彼女はセクシーだ）
In no clothes does she look sexy.（何を着ても彼女はセクシー
ではない）

137

10 その他

　この章には、どこの文法項目にも入れづらいものを集めて
みました。個々の単語の特殊性にまつわるものがほとんどな
のですが、1章の冒頭にも書いたとおり、誤読・誤訳が最も
多いのは、だれもが知っている基本単語の用法にまつわるも
のであり、そのことはこの章にもあてはまります。一見やさ
しそうな単語の罠がどこにあるのかを、ひとつひとつていね
いに確認してください。

問題

A-105 Upon hearing of the new idea, Fred challenged it.

A-106 Rich, handsome, vertically challenged male seeks a partner for life.

A-107 The three children in that family were good copy.

▼訳例と解説

A-105　Upon hearing of the new idea, Fred challenged it.

➡新しい案について聞くとすぐ、フレッドは異議
を唱えた。

　まずは「日本語化している英単語の罠」について。chal-
lenge は日本語の「チャレンジする」と同じではありません。
この動詞の訳語はいくつかありますが、本質的には「～に対
して挑みかかる、抗議する」という意味。ボクシングの
challenger や、テニスの試合での審判への challenge を思い
浮かべてください。
　この問題の "challenge it (= the idea)" は、その案に対して
攻める、挑みかかるという意味ですから、「異議を唱える」「反
発する」などの訳語がふさわしい。つまり、その案をよく思っ
ていない、低く評価しているからこそ challenge するのです。
　ところが、ここで「挑戦する」、つまり「チャレンジする」
という訳語をあてると、それは「やってみる」「試す」という
意味合いを持ちますから、その案に賛成している、高く評価
しているという含みが生まれ、この英文の意味とは正反対に
なってしまいます。こういった罠に陥らないためには、月並み
ですが、辞書をまめに引くことを習慣づけるしかないでしょう。

challenge≠チャレンジする

140

A-106 Rich, handsome, vertically challenged male seeks a partner for life.

⇒ 裕福で男前、身長に難ありの男性が、一生のパートナーを募集しています。

前問と同じ challenge を使った文ですが、これはちょっと珍妙な例です。vertically challenged とはどういう意味でしょうか。

challenged は「攻撃を受けた→困難な状況にある」の含意を帯び、複合語の形で「〜に障碍を持つ」という意味で使われることがあります。つまり、physically challenged は「身体に障碍のある」、aurally challenged は「耳が聞こえない」ということです。

差別用語を避けるために公的な場では disabled や handicapped ということばが使われますが、challenged はさらにそれを婉曲にした言い方です。

さて、vertically challenged は「縦方向に困難がある」ですが、これは「背が低い」ということで、冗談めかした言い方です。となると、horizontally challenged も想像がつきますね。political correctness（公的な場での差別是正）が度を超してしまった例です。

141

▼訳例と解説

> **A-107** The three children in that family were good copy.
>
> ➡ その家の３人の子供たちは、よい新聞種だった。

　誤解しやすい単語の例を challenge のほかにもうひとつあげてみましょう。ある小説の一節からの引用です。

　ほとんどの生徒が「その家の３人の子供たちはよく似ていた」と訳しました。一見正しそうですが、copy はふつう可算名詞なのに、冠詞がついても複数形になってもいないことを不思議に感じないでしょうか。**もし違和感をいだいたら、すぐに辞書を引くことです。**

　すると、不可算名詞の場合に「ニュース価値のある人、もの」という意味が載っているはずです。つまり、この英文の正しい意味は「その一家の３人の子供たちは、よい新聞種だった」となります。

　少しでも違和感を覚えたら、３か条の①や③を思い出してください。

問題

A-108 The ship's crew jumped when they saw the dead body floating.

A-109 Small wonder a man of his ability is so successful.

A-110
- He was sleepy at that time. She was also sleepy.
- She was tired at that time. She was also sleepy.

A-111 A man will be most dangerous if he feels too sad.

▼訳例と解説

A-108 The ship's crew jumped when they saw the dead body floating.

➡死体が浮かんでいるのを見て、船員たちは飛びあがらんばかりだった。

　この問題文もある小説の一節からの引用です。ほとんどの生徒が「船員は飛びあがった」と訳していましたが、奇妙な訳に思えないでしょうか。

　まず、crew は集合名詞ですから、正確には「船員たち」です。つぎに、jumped ですが、サイレント映画のドタバタ喜劇ならともかく、これはごくふつうのシリアスな小説です。死体を見つけて驚いたぐらいでほんとうに飛びあがるでしょうか。しかも、「船員たち」ですから、何人もが同時に飛びあがっていることになります。

　この状況が変だと思ったら、辞書を引くことです。そうすれば、jump は「驚いて急激に体を動かす」程度の意味で使われる場合も多いことがわかるでしょう。この文は、たとえば「船員たちは飛びあがらんばかりだった」と訳す必要があります。あるいは「驚愕した」「仰天した」などとしてもよいでしょう。

144

A-109 Small wonder a man of his ability is so successful.

➡彼ほどの能力の人があれだけ成功しているのは当然だ。

"Small wonder 〜" は、"There is little doubt 〜" などと同じく、「〜は疑いない、〜について疑問はない」という意味です。頭に it is をつけてもかまいません。"a man of his ability" は決まり文句で、「有能な人物」です。

A-110 ・He was sleepy at that time. She was also sleepy.
・She was tired at that time. She was also sleepy.

➡・彼はそのとき眠かった。彼女も眠かった。
・彼女はそのとき疲れていた。そして、眠くもあった。

それぞれの後半はまったく同じ文であるにもかかわらず、also がちがった働き方をしています。上では He と She、下では tired と sleepy を並列していますね。同様の例がありうることばとして、文末につく too や、only、alone などをあげることができます。

145

▼訳例と解説

A-111 A man will be most dangerous if he feels too sad.

➡あまりにみじめに感じたとき、人は最も危険な
存在となるものだ。

　dangerous の意味を勘ちがいしていないでしょうか。「最
も危険だ」という訳には２通りの意味が考えられます。人間
が dangerous だと言っているのですから、これは「周囲に
危険を与える」「凶暴だ」という意味。「自分が危険な立場に
陥る」「内にこもっている」なら in danger になっているは
ずです。自分がどちらの意味に解釈したかをよく考えてくだ
さい。

　tired と tiring、surprised と surprising のような過去分詞
と現在分詞のちがいには気づく人が多いのですが、ふつうの
形容詞の意味が能動なのか受動なのかは見落とされがちです。

146

問題

A-112
- I heard her planning to ask Tom out.
- I heard of her plan to ask Tom out.

A-113
They found the oyster bed, cleared the bottom of old shells, and then spread it with clean ones.

A-114
- They stripped the sides of the house of paint, and applied a fresh coat.
- Bullet screams, kills King of dreams.

（下は、 6 語で人生を語る短詩 six words の作品。サイトに投稿されたのは2012年 1 月15日）

▼訳例と解説

A-112
・I heard her planning to ask Tom out.
・I heard of her plan to ask Tom out.

➡ ・彼女がトムをデートに誘うつもりだと言って
いるのをぼくは聞いた。
・彼女がトムをデートに誘うつもりだという噂
をぼくは聞いた。

　下の文の of は about に近い意味を持ちます。つまり、前
者は「計画の話をしているのを直接聞いた」、後者は「その
計画について聞いた」という意味です。**前置詞をともなうか
どうかで意味が異なります。**

　plan は動詞としても名詞としても用いられることばで、
上の文では動詞、下の文では名詞としてそれぞれ使われてい
ます。

　"ask ＋人＋ out" は、「（人）をデートに誘う」という決ま
り文句です。

148

A-113 They found the oyster bed, cleared the bottom of old shells, and then spread it with clean ones.

➡彼らはカキの養殖場を選び、その底から古い貝殻を取り除いて、そこに新しい貝を撒いた。

cleared the bottom of old shellsの部分を「古い貝殻の底をきれいにする」と訳しても、何が言いたいのかわかりません。“clear A of B” の形は「AからBを取り除く」という意味で、the bottomは養殖場の底です。この形ではAの位置に大きなもの、Bの位置に小さなものがはいるのですが、同様の表現として “deprive A of B”、“strip A of B”、“rob A of B” などがあります。どれも、大きなAから小さなBを分離するという意味合いが含まれますね。“A thief robbed her of the bag.”（泥棒が彼女からバッグを奪った）という例文なら知っている人が多いでしょう。

「A（大きいもの）からB（小さいもの）を切り離す」という表現

clear A of B
deprive A of B
strip A of B
rob A of B

▼訳例と解説

A-114
・They stripped the sides of the house of paint,
　and applied a fresh coat.
・Bullet screams, kills King of dreams.

➡ ・彼らは家の外壁のペンキを剥がし、新しく塗
　装しなおした。
・銃弾一閃。キングの夢、無残。

　前問同様、"動詞 + A of B" の形で、「A から B を切り離
す」の意味になる例です。この形に気づかないと、上の文で
は the house of paint をひとまとまりにして読む可能性があ
ります。正しくは、strip A of B の形で、「家の壁からペン
キを剥がす」という意味です。

　下の King はマーティン・ルーサー・キングのことです。
この英文がサイトに投稿された 1 月15日はキングの誕生日で
す。公民権運動の指導者で、"I have a dream..." の演説など
で有名なキング牧師は、1968年 4 月 4 日に銃で暗殺されまし
た。

　ここでは kill A of B という形によって、銃弾がキングの
命を奪って夢を葬り去ったことを生々しく表現しています。
screams と dreams が韻を踏んでいるので、訳文も少しそれ
に近づけてみました。

150

問題

A-115
- Each individual is different from every other individual.
- The garbage is collected every other Wednesday.

A-116
For every millionaire, there are scores of poor people living on a pittance.

A-117
Ten to one Robert will win.

A-118
He is one-half as old as his sister.

A-119
What is the area of a rectangle six inches in length and four in width?

A-120
English surgeon Lister began using carbolic acid as an antiseptic. His technique cut infection by a fifth.

▼訳例と解説

A-115
- Each individual is different from every other individual.
- The garbage is collected every other Wednesday.

➡ ・各個人はそれぞれ異なっているものだ。
　・ごみは隔週水曜日に収集される。

---

　every other は文脈しだいで2通りの意味が考えられる言い方です。上は単に「ほかのすべての」という意味ですが、曜日や月、年、あるいは順序を明確に表すことばの前についたとき、「ひとつおき」の意味になることがあり、文脈からどちらなのか判断しなくてはなりません。

A-116
For every millionaire, there are scores of poor people living on a pittance.

➡大富豪がひとりいるごとに、わずかな所得で生活する貧しい人たちがおおぜいいる。

　この For は「～に対して」、every は「それぞれ」の意味なので、上のような訳文になります。score のここでの意味は「20」ですが、厳密に訳さなくてもいいでしょう。大富豪の何十倍もの貧しい人がいる、と言いたいのです。

152

A-117 Ten to one Robert will win.

➡十中八九、ロバートが勝つだろう。

Ten to one は決まり文句として「十中八九」とよく訳しますが、原義どおりに言えば「10対1の比率で」です。この文の場合は、「勝つ可能性が10に対して、負ける可能性が1」ということです。

A-118 He is one-half as old as his sister.

➡彼は姉の半分の年齢だ。

one-half は要するに a half と同じですから、単に「半分」という意味です。「1.5倍」という誤訳が大変多いのですが、その意味の場合は one and a half と言います。もちろん、この文は半分のほうですから、sister は妹ではなく姉ですね。

なお、数学以外の文脈で、ふつうの名詞のあとに and a half をつけた場合（job and a half など）は、「とてつもない」「大変多い」という意味になることもあるので、そのことも知っておくといいでしょう。

one-half＝半分

one and a half＝1.5倍

▼訳例と解説

A-119 What is the area of a rectangle six inches in length and four in width?

➡長辺が6インチ、短辺が4インチの長方形の面積はいくつですか。

数学がらみの英文です。長方形の辺についてですが、多くの辞書に length が「縦」、width が「横」と載っているようです。これは語義としてはあいまいで、正確には length が**「長いほうの辺の長さ」**、width が**「短いほうの辺の長さ（幅）」**です。

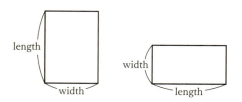

左の図では length は「縦」ですが、右の図では「横」になるので注意してください。

A-120 English surgeon Lister began using carbolic acid as an antiseptic. His technique cut infection by a fifth.

➡イギリスの外科医リスターは、フェノールを消毒薬として使い始めた。この方法によって、感染率は５分の１も減少した。

もう１問、数学がらみの問題です。carbolic acid は「石炭酸」「フェノール」で、antiseptic は「消毒薬」「消毒剤」という意味です。読みちがいが多いのは第２文です。

数にまつわる表現は誤訳したときの影響がきわめて大きくなるので、正確に覚える必要があります。

まず、最後の a fifth が one fifth（５分の１）と同じだと気づかない人がずいぶんいます。そして、気づいた人のなかでも、半数以上が cut infection by a fifth を「感染を５分の１に減少させた」と訳します。それはつまり、「５分の１（20パーセント）にした」という意味になりますね。

しかし、今回の英文のような by は「〜のぶんだけ」という意味ですから、ここは「５分の１減少させた」すなわち「５分の４（80パーセント）にした」が正しい意味となります。このようなミスは、技術系の文書などでは致命的になりかねません。

減少であれ増加であれ、このような場合の by は「増減するぶん自体」を表し、"increase … by 20 percent"（20パーセ

155

▼訳例と解説

ント増し）のように使います。5分の1「に」減少させたと言いたいのであれば、"cut（decrease）... to a fifth" と言うべきです。

　ちなみに、前置詞なしで "increase（decrease）... 20 percent" と言った場合は、by を入れた場合と同じ意味です。

学習相談 Q & A *part 4*

Q. 文法の勉強がどうも好きになれません……。

わたしが中学生のころの文法の勉強と言えば、学校であれ塾であれ、最初に簡単な例文を見せられたうえで、それについての文法解説があるという形が当然でした。「なぜこういう語順になるか」「どういう場合が例外か」など一から教わったため、新しいことを知っていく喜びや、わからないことがひとつひとつ解明されていく喜びがあったものです。

一方、語学には「習うより慣れよ」の側面もあります。文法にこだわりすぎると、かならず例外が出てきて、「分類のための分類」などのばかげたことに時間をとられかねません。

理詰めが好きな人は、行き詰まったらとりあえず考えるのをやめて、その部分は理屈抜きで覚えてしまう必要があります。何年も経ってから納得できるようなことも多いです。

「習うより慣れよ」型の人は、機械的に身につけていくだけでは、かならずどこかで壁にぶちあたります。そうなったときに徹底的に調べ、考え抜くこともぜひやってみてください。

語学の習得法に唯一の正解はありません。自分に合った方法で進めながら、ときにはちがうものも採り入れるのがいいでしょう。

157

PART B

難 問 編 30 問

正 答 率 20 ～ 70 ％

ここには、翻訳学校の授業で扱ったとき、正しく読みとれた人が
20％から70％程度だった英文を中心に、30問を集めてあります。
【PART A】より長く複雑なものが多く、しかも文法項目別では
なくでたらめな順序で並んでいるので、手こずる人が多いでしょう。
特に重要と思われる事項は繰り返し何度も出てきます。また、いく
つかの問題に長大な解説がついていますが、この本のハイライトと
も呼ぶべき個所なので、誤読した人はもちろん、正解した人もぜ
ひ最後まで読んでください。きっと得るものがあるはずです。

問題

B-01 The best-known cricket players in that country from the early 1900's were Johnston, who had been often called successor to Thomas, and Farrell.

[正答率**20**％]

▼訳例と解説

B-01 The best-known cricket players in that country from the early 1900's were Johnston, who had been often called successor to Thomas, and Farrell.

→1900年代はじめのその国のクリケット選手で最も有名なのは、しばしばトーマスの後継者と呼ばれていたジョンストンと、ファレルのふたりである。

[正答率20％]

この問題にはポイントがふたつあります。

第1に、from the early 1900's の意味は、「1900年代初頭からいままでのあいだの」ではなく、「1900年代初頭の人々のなかから選び出すと」ということ。したがって、ここは単に「1900年代はじめの」と訳すべきです。前者の意味なら from ではなく since を使います。1900年代後半や2000年以降も含めたなかで最も有名だと読みとれる訳文はまちがいです。

もうひとつは、最後の個所を「トーマスとファレル」のように、ふたりの人物の後継者として訳している場合。こちらのほうがより大きなミスです。では、どう読むべきなのか。非常に大事な問題なので、これも左から右へゆっくり見てみましょう。

160

The best-known cricket players in that country from the early 1900's were

　ここまでで、主語の中心は players、動詞は were です。主語が複数形であることに注意してください。では、もう少し先まで読んでみます。

The best-known cricket players in that country from the early 1900's were Johnston,

　この時点で、先がどう展開すると予想できるでしょうか。主語が複数形であるわけだから、あとに来る補語は、形容詞ならともかく、名詞であれば２個以上のものになるのが筋ですね。ですから、Johnston よりもあとのどこかに第２の（ひょっとしたら、そのうえ第３の）補語である名詞があらためて登場することが予想できます。さらに言えば、この先のどこかで、Johnston と 第２の名詞を並列の関係で結ぶand や as well as などの語句が出てくるのではないか、とも予想できるはずです。

　最後にカンマがついていますが、このカンマはどう働くのでしょうか。ここまでの英文は主語、動詞、補語という順で文の主要素が並んでいるわけで、**木にたとえれば幹、川にたとえれば本流**にあたるものです。つまり、ここで**カンマが打たれたということは、木なら枝、川なら支流へ分かれたと**いうことになります。枝や支流である以上、幹や本流の部分にある Johnston と並ぶ語句が来るはずはありません。では、

▼訳例と解説

もっと先まで読んでみましょう。

The best-known cricket players in that country from the early 1900's were Johnston, who had been often called successor to Thomas,

　ここで2番目のカンマが出てきました。カンマによって枝分かれした個所にもう一度カンマが出てきた場合、そのあとは2通りの展開が予想できます。第1に、さらに枝分かれする場合。第2に、幹（本流）にもどる場合。どちらもありうるのですが、先刻から第2の名詞が本流部分に出てくることを予想し（あるいは期待し）、いわば物足りなさを感じているわけですから、正しい読み方をしている人なら、さっさと本流にもどってもらいたいと感じているはずですね。そして、そこに待望の and が出てきます。

The best-known cricket players in that country from the early 1900's were Johnston, who had been often called successor to Thomas, and Farrell.

　上のプロセスを経て読んでいる人なら、Farrell の並列の相手が直前の Thomas ではなく Johnston であることが、なんの迷いもなく理解できるはずです。
　とはいえ、上の読み方はあくまで理想であって、英語を母国語としないわれわれにとってはなかなかむずかしいものです。とりわけ、日本語には名詞にも動詞にも単数と複数の区

162

別がありませんから、主語が複数形であることなどを見落としがちなのはある程度しかたがないのかもしれません。では、いったん誤読してしまった場合（この問題では「トーマスとファレル」と読んでしまった場合）、もうどうしようもないのでしょうか。いや、まだチャンスは残されています。「敗者復活」のプロセスは以下のように図式化できます。

誤読→違和感→修正

　つまり、いったんまちがって読んだものの、なんとなく変だな、という感じが残ったら、もう一度最初から読みなおす気になるはずだ、ということです。違和感というのはずいぶん抽象的な言い方ですが、たとえば「イギリスは世界一広い国である」などという訳文ができてしまったら、どう見ても内容的におかしい、ひょっとしたら誤訳ではないかと、だれもが見なおす気になりますね。これは意味に違和感を覚える場合ですが、形に違和感を覚えるケースもあります。英文を多く読んだ経験のある人なら、「トーマスとファレル」と読むなり訳すなりした直後に、どうも変だな、と感じたはずです。というのも、

Thomas, and Farrell

の部分で「トーマスとファレル」がもし並立するのだとしたら、and の前にカンマがあるのはおかしいと経験的に知っているからです。こんなところにカンマを入れるのは、文法

163

▼訳例と解説

的に完全に誤りではありませんが、妙な場所で無意味に息継ぎを強いているように感じられます。そして、そこで違和感を覚えたなら、もう一度最初から読みなおす気になるでしょうし、そのときはより注意深くなっていますから、最初は見落とした複数形のｓに気づくかもしれません。そんなふうに修正できるのも英文のルールを暗黙のうちに知っているからであり、それも実力のうちなのです。

つまり、誤訳を防ぐには２段階のチャンスがあるわけです。

(1) 正しい読み方をして、「予想→確認」 または 「予想→修正」（A-11 参照）
(2) まちがえた場合も、「誤読→違和感→修正」

もちろん、(1) も (2) も頭のなかにルールの蓄積があってできることですが、逆に言えば、そういうプロセスで英文に取り組んで、成功と失敗を重ねていけば、徐々にルールが蓄積されていくものです。

問題

B-02 Hippocrates separated religion from healing, and recognized the role of diet, living conditions, and climate in illness.

[正答率**70**%]

B-03 Bobby was so absent-minded he didn't remember buying a birthday present for Linda.

[正答率**50**%]

B-04 I'll employ her, because she has a lot of knowledge and willingness to work.

[正答率**70**%]

B-05 Mrs. Jones couldn't risk opening that parcel, not with the children about, and so put it into a drawer.

[正答率**30**%]

▼訳例と解説

> **B-02** Hippocrates separated religion from healing, and recognized the role of diet, living conditions, and climate in illness.
>
> ➡ ヒッポクラテスは宗教を医療から切り離し、食習慣と生活環境と気候とが病気に対してどう働くかをよく理解していた。
>
> [正答率70%]

　B-01 でも述べたとおり、まちがった読み方をしたときになんとなく違和感を覚えることができれば、誤読・誤訳は減っていくものです。その場合、つねに**意味と形の両面について考える必要がある**でしょう（３か条の①参照）。そして、手がかりになるのは、冠詞やカンマなど、ごく基本的な目印であることが非常に多いのです。

　ここで問題となるのは後半の

the role of diet, living conditions, and climate in illness

の読み方です。典型的な誤読は、これを「食事の役割と、生活の環境と、病気における気候」のように３つを並列させて読むものです。一見バランスがよさそうですが、これはふたつの理由から変な読み方です。第１に、最初だけに the がついていることが不自然に感じられます。第２に、その３つを並べても何を言っているのかよく意味がわかりません。

166

「病気における気候」とは、いったいなんでしょうか。違和感を覚えたら、別の読み方ができないかと考えましょう。

ここでの正しい読み方は、

the role of $\begin{cases} \text{diet} \\ \text{living conditions} \\ \text{(and) climate} \end{cases}$ in illness

のように並べてとらえることです。これならバランスもさほど悪くなく、意味もしっかり通じます。病気における、3つの要素の役割ということですね。そこまで読めていれば正解なのですが、訳出上の工夫を多少してもよいところです。「病気における食生活と生活環境と気候の役割」では、自分自身では正しく理解できていても、訳文を読む側の人にとっては、何と何と何が並んでいるかがややわかりにくい。「食生活」と「生活環境」と「気候の役割」が並んでいるようにも見えますし、また、へたをすると「病人用の食事」の話でもしているのかと誤解される可能性もあります。そこで、第1の工夫として、「気候」のあとにも「と」を入れると、どの3つが並立しているかが見やすくなります（このテクニックはぜひほかの文を訳すときも使ってください）。第2の工夫としては、of や in を機械的に「の」や「なかの」と訳すのではなく、たとえば「…が〜において果たす役割」のように、動詞を加えて有機的に訳すとうまくまとまるでしょう。訳例はさらに少しひねってみましたが、ここまでする必要はないかもしれません。

▼訳例と解説

B-03 Bobby was so absent-minded he didn't remember buying a birthday present for Linda.

→ボビーは忘れっぽかったので、リンダに誕生日のプレゼントを買ったことを覚えていなかった。

[正答率50%]

　動名詞に関する A-48を参照してください。「買うのを忘れた」と「買ったのを忘れた」では意味がまったく反対になってしまいますね。ほとんどの人が高校までに教わっているはずですが、翻訳学校では半数の人がこれをまちがえます。

didn't remember buying＝買ったのを忘れた
didn't remember to buy＝買うのを忘れた

B-04 I'll employ her, because she has a lot of knowledge and willingness to work.

→ 彼女を雇うつもりだ。知識はたくさんあるし、働く意欲も旺盛だから。

［正答率70%］

a lot of knowledge and willingness to work をどう読んだでしょうか。正しいのは、knowledge と willingness to work を並列させる読み方で、to work は knowledge にかかっていません。A-43を参考にしてください。willingness to は be willing to という成句の変形ですから、willingness to work で「働く意志」になりますが（A-43 の 4 番目の用法）、knowledge と to work の関係は、不定詞の 4 つの形容詞用法のどれにもあてはまりません。「知識が働く」のでも「知識を働かせる」のでもないですね。もし「仕事のために必要な知識」という意味にするなら、to work with となるはずで、with がない以上は to work と knowledge のあいだに修飾関係がないと見なすのが正しい読み方です。

She has a lot of <u>knowledge</u> and <u>willingness to work</u>
to work は knowledge にかかっていない

169

▼訳例と解説

B-05 Mrs. Jones couldn't risk opening that parcel, not with the children about, and so put it into a drawer.

→子供たちがうろうろしているので、ジョーンズ夫人はその小包をあける危険を冒せず、引きだしにしまった。

[正答率30%]

A-25から A-27で説明した否定省略形の復習です。not with the children about は「子供たちが近くにいない」ではなく、"could NOT risk … WITH THE CHILDREN ABOUT" を縮めたものなので、「子供たちが近くにいるので、危険を冒せない」が正しい読み方です。

正答率30%の問題ですが、基礎編を熟読した人にとっては、たやすく感じられたかもしれません。

問題

PART B 難問編

B-06 "There's no need to thank me. I've not been that good a friend to you."

"I've none better."

[正答率**30**％]

B-07 The original settlers made medicines from whatever they had available: salt became a toothpaste; blackpowder was applied to warts, and pine pitch to open cuts.

[正答率**70**％]

B-08 In an overcrowded place such as the London Underground, people are always bumping up against one another. The bumping appears bothersome, and so does seeing to all the required apologies.

[正答率**40**％]

171

▼訳例と解説

B-06 "There's no need to thank me. I've not been that good a friend to you."
"I've none better."

➡ 「ぼくに礼を言わないでくれ。感謝されるほど
　 よい友達じゃなかったんだから」
　 「最高の友だよ」

[正答率30%]

　第1文の that good a friend は、so pretty a girl などと同
じで、good が that に引きずられて冠詞の前に出た形です。
前文を受けた that ですから、「それほど」でもまちがいでは
ありませんが、あいまいなので、「感謝されるほどよい友
達」としておきましょう。

　"I've none better." は「もっとよいものをひとつも持って
いない」わけですから、「きみ以上の友達はいない」「きみは
最高の友だ」の意味になります。

172

B-07 The original settlers made medicines from whatever they had available: salt became a toothpaste; blackpowder was applied to warts, and pine pitch to open cuts.

⇒最初の植民者たちは、手にはいるあらゆるものを使って薬を作らなくてはならなかった。塩は歯磨きになり、弾薬はいぼを、松やにには切り傷を治すのに用いられた。

［正答率70%］

　A-01 の復習です。「：（コロン）」が中ぐらいの切れ目、「；（セミコロン）」がそれより小さな切れ目、カンマがさらに小さな切れ目だと意識できたでしょうか。この文では、コロンのあとに薬の実例が３つ示されるわけですが、３つが対等に並んでいるのではなく、salt became a toothpaste と、それ以下の部分とが並列されています。

　blackpowder 以下は

　┌ **blackpowder was applied to warts**

　and

　└ **pine pitch (was applied) to open cuts**

という並び方になりますから、to open cuts の部分は、「傷口を開くために」のように不定詞とととらえるのではなく、「開いた傷口に」のように、to を単なる前置詞、open を形容詞とととらえるのが正しい読み方です。

173

▼訳例と解説

B-08 In an overcrowded place such as the London Underground, people are always bumping up against one another. The bumping appears bothersome, and so does seeing to all the required apologies.

→ ロンドンの地下鉄のようなこみ合った場所では、人々はしじゅうぶつかり合っている。ぶつかるのは煩わしいし、必要とされる謝罪に神経をつかうのも同様に煩わしいようだ。

［正答率40％］

2文目の後半、"and so does seeing …" のところは、and so とつづけて、「だから〜」と読まれがちですが、それでは does seeing という形の説明がつきません。ここは and のあとに "So do I."（わたしもそうです）や "So does she."（彼女もそうです）などと同じ倒置の形がつづいていて、does はその前の appears bothersome のかわりに用いられています。そして、seeing 以下のすべてが主語です。

"see to …" は「配慮する」「気をつける」などの意味を持つ成句で、「見る」という意味はありません。

問題

B-09 A knight was riding to battle on a hungry horse during a thunderstorm. He thought: my horse isn't running too fast and the weather could have been much worse.

[正答率**30**%]

B-10 Historians attempt to reconstruct the process that has created the world where we live, and us ourselves from the aspect that we are creatures of our time and environments.

[正答率**50**%]

▼訳例と解説

B-09 A knight was riding to battle on a hungry horse during a thunderstorm. He thought: my horse isn't running too fast and the weather could have been much worse.

→ ある騎士が、嵐のなかで空腹の馬を駆って戦いへ向かっていた。彼は思った。わたしの馬は走るのが速すぎない。天気にしても、もっとずっと悪くなっていたかもしれない。

[正答率30％]

　1番目の文については、特に問題はないでしょう。要は、騎士が「空腹の馬」「嵐」という二重苦に見舞われているということです。

　問題は2番目の文ですが、ポイントになるのは、この騎士が「愚痴ばかりこぼす悲観主義者」なのか「前向きに物を考える楽天家」なのかであり、正解は後者です。"my horse isn't running too fast" と "the weather could have been much worse" のどちらにせよ、愚痴っぽい意味、否定的な意味に訳されていたら誤訳です。

　まず "my horse isn't running too fast" ですが、very fast ではなく too fast ですから、「あまり速く走らない」ではなく「走るのが速すぎない（から扱いやすい）」という意味です。

176

あとの "the weather could have been much worse" は典型的な仮定法の文で、「天気はもっとずっと悪くなっていたかもしれない」、つまり「いまは雨だけど、もっとひどい大雨が降るのに比べたらずっとましだ」というような含みがあります。どちらも楽天家の考え方ですね。

とりわけ、後者を完全に読みちがえた人は、仮定法についてしっかり復習する必要があるでしょう。

B-10 Historians attempt to reconstruct the process that has created the world where we live, and us ourselves from the aspect that we are creatures of our time and environments.

⇒歴史学者は、われわれの住む世界が生み出された過程を、そして、人間が時代と環境の産物であるという観点から、われわれ自身が生み出された過程をも再現しようとする。

［正答率50%］

非常に訳しにくい英文ですが、ポイントは後半の "and us ourselves" の us ourselves（目的格）が、それより前のどの部分と並列されているかです。候補としては、the process と the world のふたつが考えられますね。言い換えれば、この部分を目的語とする動詞はどれかということで、これにつ

▼訳例と解説

いては reconstruct と has created のふたつが考えられるわ
けです。

　形のうえからは、どちらと並ぶこともありうると思います。
一方と断じるだけの決定的な根拠はないでしょう。

　では、意味のうえではどうでしょうか。重要なのは from
the aspect 以下の部分です。ここでは「人間は時代と環境の
産物（=creature）である」と言っていますが、creature は
create の派生語ですから、人間である us ourselves を cre-
ate とつなげて読むのが自然であるはずです。

　訳しづらい文ですが、正しく読めたかどうかは自分が us
ourselves に対する動詞をどちらと考えたかで判定してくだ
さい。

```
                              ┌  the world ...
  the process that has created  and
                              └  us ourselves
```

178

問題

B-11
- She never rejected her customers because they had much money to spend.
- She never rejected her customers because they had little money to spend.

[正答率**60**%]

B-12
In general, children don't mind, if we don't do it to excess, our informing them that they were so babyish when little.

[正答率**70**%]

B-13
The tribe's buildings were actually villages in their own right, as later Spanish explorers must have realized since they called them by a name which is Spanish for town.

[正答率**60**%]

B-14
The late artist's peculiarities inscrutable to those who knew him continue to be bewildering because of his life-style.

[正答率**50**%]

▼訳例と解説

B-11
- She never rejected her customers because they had much money to spend.
- She never rejected her customers because they had little money to spend.

➡ ・彼女は客たちがたくさんの金を持っていたので、ないがしろにしなかった。
・彼女は客たちが少ししか金を持っていないからといって、ないがしろにはしなかった。

［正答率60％］

A-36を参照してください。へそ曲がりな読み方をすれば別ですが、A-36の例文と同じ読み方になるのは下の文です。「"貧しいから拒む"ようなことはしない」という意味ですね。

B-12
In general, children don't mind, if we don't do it to excess, our informing them that they were so babyish when little.

➡ 小さいころにひどく幼稚だったと大人が言っても、それが限度をわきまえた言い方であれば、概して子供は気にしないものだ。

［正答率70％］

180

mind は、不定詞ではなく動名詞のみを目的語にできる動詞のひとつで、ここでは挿入部分の if 節のあとにある our informing 以下が目的語になっています。they were so babyish の部分の過去形を無視して、いま現在のことを言っているように解釈した誤訳をよく見かけます。

B-13 The tribe's buildings were actually villages in their own right, as later Spanish explorers must have realized since they called them by a name which is Spanish for town.

⇒その部族の建物は、まさにそれ自体が村だった。そのことはスペイン人の探検家たちも感じていたにちがいない。その建物を「町」という意味のスペイン語で呼んだからだ。

［正答率60％］

中ほどに出てくる as は、A-81 と同じ用法で、文の前半すべてを先行詞としています。as の用法を取りちがえたり（あるいは、単に「ような」としてごまかしたり）、因果関係を逆にとらえたり、since を「時」の意味にまちがって解釈したりという誤訳例が多いようです。

181

▼訳例と解説

B-14 The late artist's peculiarities inscrutable to those who knew him continue to be bewildering because of his lifestyle.

➡いまは亡きその芸術家の奇癖は知人たちにとって不可解なものだったが、当人の生き方ゆえに、現代の人々をも困惑させる。

［正答率50％］

A-14にも出てきた、過去形と現在形の混在している文です。「存命時に直接の知り合いを困惑させていたのが、死後のいまも作品を通じてファンや研究者を困惑させている」という大筋を、正しく解釈できたでしょうか。late の意味を取りちがえる人も多いですが、ここでは「いまは亡き、故～」という意味にとらないとわけがわかりません。

<u>The late artist's peculiarities inscrutable to those who knew</u>
主語　　　　　　　　　　　　　　　　（過去形）

<u>him</u> <u>continue</u> to be bewildering because of his lifestyle.
動詞
（現在形）

182

問題

B-15

It is most likely the thoroughness with which steam engines disappeared that gives them a prominence among all those nostalgic objects.

[正答率**60**％]

B-16

There didn't seem to be any urgency about calling at their new house. Not when there was so much to be enjoyed in our own home.

[正答率**50**％]

B-17

In the nineteenth century there was an idea that novels written by women should show purity and humility, thus disclosing the characters of their writers. The gentlest and most feminine writers hated this belief, reacting against any attempts to force conventions unrelated to literature upon their writing.

[正答率**20**％]

▼訳例と解説

B-15　It is most likely the thoroughness with which
steam engines disappeared that gives them a prom-
inence among all those nostalgic objects.

➡昔懐かしいさまざまなもののなかで、とりわけ
蒸気機関車が目立つのは、すっかり消えてしまっ
たからにちがいない。

[正答率60%]

"It … that …" の強調構文です。"the thoroughness with
which 〜" のところが読みにくいかもしれませんが、「蒸気
機関車が消えてしまった、その徹底ぶり」ということです。
「with ＋ 抽象名詞」は副詞（この場合は thoroughly）の意
味合いを持ち、ここは関係詞が用いられて語順が入れ換わっ
ています。

steam engines disappeared with thoroughness
(=thoroughly)

⇩

the thoroughness with which steam engines disappeared

with ＋ 抽象名詞 → 副詞の意味

184

B-16 There didn't seem to be any urgency about calling at their new house. Not when there was so much to be enjoyed in our own home.

→ 彼らの新しい家を訪ねるのは、急を要することではなさそうだった。わたしたちの家に多くの楽しみがあったわけだから。

[正答率50%]

A-25 から A-27、そして B-05 でも扱った否定省略形がまたまた出てきました。第2文の冒頭 "Not when ..." の部分は、when 以下が否定されているのではなく、否定文である第1文の内容を繰り返すのがくどいので、それを Not という1語で代表させているだけです。「～多くの楽しみがあったときに」ではいささかつながりが悪いので、「～多くの楽しみがあったわけだから」などとするのがいいでしょう。

185

▼訳例と解説

B-17 In the nineteenth century there was an idea that novels written by women should show purity and humility, thus disclosing the characters of their writers. The gentlest and most feminine writers hated this belief, reacting against any attempts to force conventions unrelated to literature upon their writing.

→19世紀には、女性による小説は純潔と謙譲を示すことで作者の人格を明らかにすべきだという考え方があった。女性作家たちは、最も穏やかで女性的に見える人でさえもこの考えをきらい、著作に文学と無関係な因襲が押しつけられるのに反発した。

[正答率20％]

第2文の冒頭にある最上級 the gentlest の解釈がポイントです。ここを単なる最上級として訳しても意味が通りません。ふつう、「最も穏やかで女性的な人」は反発しないもので、反発するのはむしろ「気が荒く男性的な人」であるはずだからです。こんなふうに最上級でつじつまが合わないときは、A-69 の例文を思い出しましょう。頭に even を補って、「最も穏やかで女性的な人さえ」あるいは「どんなに穏やかで女性的な人でも」と読めば、すっきり納得できるはずです。

186

問題

B-18 The writer is known primarily for his patronage of other artists. But he was also skilled as a writer himself, and it is time that he received more recognition and the measure of his revolutionary work was made known.

［正答率**30**％］

B-19 I tried various techniques of provocation to make my father go to hospital. My sisters treated him respectfully, though, trying to get the point across. In fact, they used to employ a strategy of keeping quiet.

［正答率**20**％］

B-20 Teaching is not just giving information, but requires a conversion, a change in the learner's way of thinking, and this can take some time.

［正答率**30**％］

▼訳例と解説

B-18 The writer is known primarily for his patronage of other artists. But he was also skilled as a writer himself, and it is time that he received more recognition and the measure of his revolutionary work was made known.

➡ その作家はほかの芸術家たちの支援をしたことでおもに知られている。しかし、彼自身がすぐれた作家でもあったので、そろそろ彼にもっと注目し、その革新的な作品の水準の高さを世に知らしめるべきだ。

[正答率30％]

"it is time …" は、A-91 でも説明したとおり、仮定法過去を使うべき文です。received のところは、A-92 のように原形の receive となることもあるようですが、いずれにせよ、意味は「～すべきだ」「～したほうがよい」などで、現時点ではまだ不十分だという含みが感じられます。

measure の意味は、ここでは作品の「水準」であり、「水準の高さ」などと補って訳すといいでしょう。

最後の was made known のところも "it is time …" の節のなかなので過去形です。仮定法過去ですから、厳密には主語が単数でも were を使うべきですが、was になることも珍しくありません。

B-19 I tried various techniques of provocation to make my father go to hospital. My sisters treated him respectfully, though, trying to get the point across. In fact, they used to employ a strategy of keeping quiet.

→わたしはさまざまな方法で挑発して、父を病院へ行かせようとした。しかし、姉たちは父を丁重に扱いつつ、思いを伝えようとした。それどころか、だまりこむ戦略を採ることもよくあった。

［正答率20%］

　ポイントは though と In fact の2か所です。

　第1文はまず問題ないでしょう。provocation は「挑発」など、強引なニュアンスのある訳語ならなんでもかまいません。try to ですから、「病院へ行かせようとしたが、うまくいかなかった」という含みがなんとなく感じられます（A-49参照）。

　つぎの文の though は、「姉たち（妹たち）は父を丁重に扱ったけれど～」とあとへ逆接でつながるのではなく、前の文に対して「にもかかわらず」「しかし」と受けているのです。日本語にする場合は、文頭に But があるのと同じ感覚で訳すほかありません。このような though は文中から文末まで自由に移動でき、同様の働きをするものに however や

▼訳例と解説

therefore があります。これらは文法的には副詞なのですが、「自由に移動する接続詞のようなもの」と考えても実害はないかもしれません。細かい分類にこだわることよりもむしろ、実際の英文でどんなふうに使われるか、どの位置にはいるかをしっかり覚えてください。

though —	文中から文末まで自由に移動できる接続詞のようなもの。前の文に対して「にもかかわらず」「しかし」と受ける。
however —	

　そして、つぎの文の In fact について。まず、**in fact を見たら機械的に「実際」や「事実」と訳す習慣を捨て去ってください。**くわしい辞書を見てもらえばわかりますが、in fact のあとに書かれている内容は、前文の具体例であることよりも、前文を強調するワンランク上の例であることのほうが多いくらいなのです。たとえば、

He's very wise. In fact he's almost a genius.

　のような場合、「彼はとても頭がいい。実際、ほとんど天才だ」などと訳したとしても、「実際」という表現は文中でまったく機能せず、無意味に浮きあがっているだけです。こういうときは、「それどころか、天才だと言っていいほどだ」などと訳せば、ふたつの文の関係が明確に表現されます。in fact に「実際」「事実」という訳語をあてて成功するのは、

190

たとえば in theory や in form などと対比されている場合であり、それ以外の局面では「それどころか」「もっとはっきり言えば」という訳語が適切である場合が多いのです。同様のことは、indeed という単語についても成り立ちます。調べてみてください。

この in fact と after all（A-22参照）が、熟語レベルで最も誤訳の多い両横綱だと言っていいでしょう。

| in fact | 「実際」「事実」になることは少ない。 |
| indeed | 「それどころか」「もっとはっきり言えば」 |

▼訳例と解説

B-20 Teaching is not just giving information, but re-
quires a conversion, a change in the learner's way of
thinking, and this can take some time.

→教育とは、単に情報を与えることだけではなく、
そこでは思想転換、すなわち学習者の心のなかで
実際に変化を生じさせることが必要とされるが、
それにはある程度の時間がかかる。

[正答率30％]

　前半の is not just giving は、現在進行形ではありません。
Teaching と giving を対比させているのですから、この giv-
ing は動名詞です。

　後半は conversion というややむずかしい語を使ったあと、
同格表現によって a change in the learner's way of think-
ing とやさしく言い換えています。ですから、conversion に
は堅苦しいくらいの訳語を与えたいものです。

　この文では conversion を conversation と読みちがえる人
がなんと３分の１近くいます。その場合は同格関係が読みと
れるはずもなく、「会話と変化」のように並立させた訳文が
ほとんどですが、ふたつのものを並べるときはカンマではな
く and でつなぐのが基本ですから、そこで違和感を覚える
べきです。初見での見まちがいはだれにでもありますが、そ
こで修正できるかどうかはけっして運の問題ではありません。

192

問題

B-21 They had to turn down the offer, for their club had strict rules. It should be improved, but as a matter of fact it was not.

［正答率**20**％］

B-22 Pollution not only alters the makeup of the air we breathe, but shuts out some of the sun's important life-giving rays.

［正答率**70**％］

B-23 What the play acted in the neighbor town lacks in sentiment, it more than makes up for otherwise.

［正答率**30**％］

▼訳例と解説

B-21 They had to turn down the offer, for their club had strict rules. It should be improved, but as a matter of fact it was not.

➡彼らはその申し出を拒まざるをえなかった。彼らのクラブにきびしい規則があったからだ。そのクラブは改善されるべきだが、現実にはそうもいかなかった。

[正答率20%]

　正答かどうかは、第2文のふたつの it の意味を正しく読みとれているかどうかがポイントになります。it は何を指しているのでしょうか。

　そもそも、英語において、it がどの単語を受けるかについてのルールは存在するのでしょうか。もちろん例外はありますが、一定の原則はあります。そして、これは日本語において「それ」がどの単語を受けるかについてのルールとは微妙にちがっているのです。

　日本語の「それ」は、直前に登場した名詞または名詞相当語句を指すことが多いのですが、英語の場合は少々勝手がちがいます。ここまで何度か説明したとおり、英語は主語と動詞が幹をなす構造が日本語よりもがっちりしていて、なかなか崩れません。このような言語では、it が文の主語である場合、それが指すのは「直前の名詞」ではなく、「直前の文の

主語」であるほうがむしろ自然であり、そちらが原則となります。同様に、it がその文の目的語なら、「直前の文の目的語」を指すのが原則です。これはどんな場合でも100パーセント通用するルールではないので、どうか勘ちがいしないように。ただ、英語を読むうえでの第一印象、直感はそうであるべきで、それで意味が通じないときにはじめて別の可能性を探るという姿勢を保つべきだと言っているのです。

この問題では、形から考えて、第２文冒頭の It がさすのは their club であるはずで、それが第一印象、直感でなくてはなりません。そう読んで意味不明ならともかく、「クラブは改善されるべきだ」でじゅうぶん意味が通るのですから、その読み方が正解です。It が遠くの the offer を受けたり、漠然とした状況を指したりするという読み方を無理やり選ぶだけの根拠はありません。もちろん、strict rules は複数形ですから問題外です。

itが文の主語なら→「直前の文の主語」を指すことが原則
itが文の目的語なら→「直前の文の目的語」を指すことが原則

ここで、第１文で使われている接続詞 for について、少々説明しておきます。接続詞の because と for のちがいはなんでしょうか。ひとつには、意味のうえで because は原因・理由を広く表すのに対し、for は判断の根拠を表すというちがいがあるのですが、もうひとつ、because が従属接続詞、

▼訳例と解説

つまり when や if などと同じ仲間であるのに対し、for は等位接続詞、つまり and や but などと同じ仲間だというのが大きな相違点です。もっとも、それだけ書いてもなぜ重要かがさっぱりわかりませんね。これは要するに、for で結ばれている前後をひっくり返した英文が存在しないということです。この問題に即して言えば、仮に for の位置に because をあてはめたとしたら、前後をひっくり返した

Because their club had strict rules, they had to turn down the offer.

は正しい英文です。しかし、

For their club had strict rules, they had to turn down the offer.

という言い方はありえません。等位接続詞のその他の例、つまり and や but などでも同様のことが言えますね。逆に、for を使う場合、

They had to turn down the offer. For their club had strict rules.

のように、順序を変えずにふたつの文に分けてもまったく問題がありません（because の場合は、ふたつの文に分けてもまちがいではありませんが、2文目がかなりくだけた中途半端な印象を与えます）。つまり、for を使うときは、後半が前半を修飾するのではなく、前半をいったん言いきったあ

196

とで、後半を付け加えるという色合いが強くなるのです。そして、そのような読み方が正しくできていれば、offer と for のあいだの切れ目が、通常のカンマよりむしろピリオドが使われているかのような、大きなものに感じられるため、つぎの文の It がはるか前の the offer を指しているという読み方は非常にしづらくなるはずです。

because の前後をひっくり返した文は存在するが、
for の前後をひっくり返した文はありえない。

B-22 Pollution not only alters the makeup of the air we breathe, but shuts out some of the sun's important life-giving rays.

➡汚染は、われわれの呼吸する大気の構成を変えるだけでなく、生き物に命を与える重要な太陽光線を遮断してしまう。

［正答率70%］

"sun's essential life-giving rays" の life-giving は、「生命を与える」のように、目的語と動詞の関係です。Thanksgiving Day（感謝祭）でも、thanksgiving の意味は「感謝を与える」ですね。名詞と現在分詞が連結してできた形容詞では、両者の関係をしっかり見る必要があります（名詞と過去分詞でも同様）。

▼訳例と解説

B-23 What the play acted in the neighbor town lacks in sentiment, it more than makes up for otherwise.

➡隣町で上演されている芝居は情趣に欠けるが、ほかの点でそれを補って余りある。

[正答率30％]

　後半の it が指しているのは、B-21 の原則どおり、前半の主語である the play です。これは倒置の文で、本来なら後半の makes up for のあとに What から sentiment までがまるごとはいります。otherwise は in sentiment に対して、「それ以外の面では」ということ。多少説明を加えて訳すと、「隣町で上演されている芝居が情趣の面で欠けているものを、それ（＝その芝居）はほかの面（たとえば社会性や舞台美術など）において埋め合わせる以上のことをしている」とでもなるでしょう。

　倒置が使われない形にもどして図式化すると、以下のようになります。

It more than makes up for〔what ... in sentiment〕otherwise.
(= the play) 　　　　　　　　　　　　　　　　　　　（ほかの面で）

問題

B-24 High winds furrowed the sea, flinging curling, spraying waves against the ferry's diving, rising prow.

[正答率**30**%]

B-25 Students who start their research projects, when confronted with the problem of proof, discover that the majority of the proofs that they may have criticized other researchers for failing to demonstrate are, in actual fact, extremely difficult to prove.

[正答率**40**%]

B-26 In the prehistoric age, the comparative lack of ability to use the metal tools lowered women's status. However, this cannot be the only reason women were subordinated, for the division of labor between the sexes could have meant a friendly association.

[正答率**50**%]

B-27 He was amazed to see his children's response, because children don't care what they eat.

[正答率**40**%]

▼訳例と解説

B-24 High winds furrowed the sea, flinging curling, spraying waves against the ferry's diving, rising prow.

➡烈風が海を掻き乱し、フェリーの上下に揺れ動く船首に、渦としぶきが満ちた波を打ちつけた。

[正答率30%]

　"flinging curling, spraying" の部分の読み方が最大のポイントです。カンマがあるのが curling と spraying のあいだだけですから、ここは3つが並列されているわけではありません。"fling … against 〜" が「……を〜に叩きつける」という意味なので、「"curling, spraying waves" を "diving, rising prow" に叩きつける」と読むのが正しい読み方です。3つの ing 動詞を並べて読んだり、flinging curling の2語だけを切り離して読んだりするのはルール違反。正しく読むと、この文では "curling, spraying" と "diving, rising" がみごとな対照をなし、美しく韻を踏んでいるのがわかりますが、残念ながら、訳文にはそこまで反映させることができませんでした。

flinging curling, spraying waves against ...

200

B-25 Students who start their research projects, when confronted with the problem of proof, discover that the majority of the proofs that they may have criticized other researchers for failing to demonstrate are, in actual fact, extremely difficult to prove.

➡学生たちがいざ調査に取り組んで、証明の問題に直面すると、かつてほかの研究者たちの調査に欠如していると批判してきたであろう「証明」の大半が、実際には非常にむずかしいものであることに気づく。

[正答率40%]

　読みとりづらく、訳しづらい文ですね。まとめると、幹（本流）にあたる部分は "Students discover that the majority of the proofs are extremely difficult to prove." です。

　最初の名詞である Students が主語で、who で脇にそれ、when でさらに脇にそれ、やっと述語動詞 discover が出てくる。discover の内容を表す that 節がはじまったあと、主語の the majority of the proofs が現れ、こんどは関係代名詞 that で脇にそれ、2 行近くしてやっと動詞 are（proofs が複数形なので majority も複数扱い）が出てくる、という流れとなります。

　大事なのは、主語が決まったあと、枝葉の部分に気をとられず、述語動詞が現れるまで待ちつづける姿勢です。

201

▼訳例と解説

B-26 In the prehistoric age, the comparative lack of ability to use the metal tools lowered women's status. However, this cannot be the only reason women were subordinated, for the division of labor between the sexes could have meant a friendly association.

→先史時代に女性の地位が低かったのは、金属器を扱う能力で劣っていたせいだ。しかし、女性が従属の立場に置かれた理由がそれだけであるはずがない。男女が分業することによって、友好的な関係を築く可能性もあったからだ。

［正答率50％］

　第1文の comparative は「比較的」でもまちがいとは言えませんが、要は「男性と比較して」の意味なので、それがある程度わかる訳し方にしたいところです。「金属器を使う能力で劣っていた」というのは、器用さではなく体力の問題でしょう。

　問題は第2文です。「たしかに非力な女性は不利であったが、それだけでは女性が虐げられた理由にはならない」と言ったあと、「判断の根拠」の for（B-21の解説後半参照）が使われていますね。訳す場合は、そのあとをひっくり返さず、

202

いったんここで切るほうが賢明です。

> 「判断の根拠」の接続詞 for が使われているときは、
> ひっくり返さずに、いったん切って読む（訳す）ほうがよい。

　そして、for のあとに仮定法過去完了の文がつづきます。
この裏にある現実は、分業が友好的な関係を意味しなかった、
つまり、男女の格差が生じてしまったということです。だか
らこそ、理由は体力差だけでなく、ほかにもあったはずだ、
という流れになるわけですね。「両性の分業が友好的な関係
を意味したはずだ」では少々わかりにくいので、訳例のよう
にしました。

> 仮定法の文がわかりにくいときは、「裏にある現実」をよく
> 考える。

▼訳例と解説

B-27 He was amazed to see his children's response, because children don't care what they eat.

→彼は子供たちの反応を見て驚いた。子供は食べるものに無頓着であるはずなのに。

[正答率40%]

A-14、B-14でも述べたとおり、過去形の地の文がつづくところに現在形が現れた場合、ミスが非常に多く見られます。多少意地悪なところもありますが、この問題文のケースがまさにそれです。

この文の前半は過去形で書かれていますが、becauseのあと、無冠詞のchildrenが来て、現在形の動詞がつづきます。つまり、前半は「自分の子供たちの反応を見て驚いた」という現実の出来事が語られているのに対し、後半は「子供というものは、何を食べるかに頓着しない」という世間一般の話がされているのです。これを前半の勢いで「その子供たちが食べるものに頓着しなかった」と読むと、正反対の意味になってしまいます。この文の語り手は、自分の子供たちの好みがやかましいことに驚いたのです。

訳出について言えば、後半を「子供たちは食べるものに無頓着だからだ」などと訳すと、目の前の現実なのか一般論なのかわかりにくいので、「子供というものは〜」や「えり好みしないものだ」などとするといいでしょう。

204

問題

B-28 Jimmy goes to bed hungry. Not when he was young. Practically never then.

［正答率**20**%］

B-29 In this area, the changes brought by the coming of the reservoirs can't be overestimated, and conditions have never been better.

［正答率**30**%］

B-30 In a decimal expansion of nineteen thousandths, what digit could appear in the ten-thousandths' place?

（数学の問題です。訳したあと、できれば答を求めてください）

［正答率**30**%］

▼訳例と解説

B-28 Jimmy goes to bed hungry. Not when he was young. Practically never then.

➡ ジミーはいつも空腹のまま床に就く。若いころはちがった。当時はそんなことはほとんど皆無だった。

［正答率20％］

ポイントはふたつ。第２文の Not when のところと、第３文の Practically never のところです。

第２文の Not については、もうくどいくらい出てきましたね（A-25から A-27、B-05、B-16参照）。young は「若い」「幼い」のどちらでもかまいませんが、A-50で痛い目に遭った人は慎重になったかもしれません（もちろん、それは進歩です）。意味は「若かったときではない」ではなく、「若いころはそうではなかった」ですね。

第３文では、practically を正しく読めない人が７割ぐらいいます。否定語の直前にある practically の意味は「実際」ではなく「実質的に」です。文脈から考えて、最適の訳語は「ほとんど」でしょう。「一度もなかったくらいだ」などの訳でもかまいません。同じことは virtually についても言えます。そう言えば、TOEFL ではよく practically や virtually の同義語を選ばせる問題が出されており、正解はたいがい almost か nearly だったものです。

B-29 In this area, the changes brought by the coming of the reservoirs can't be overestimated, and conditions have never been better.

→ この地域では、貯水池の出現によってもたらされた変化は計り知れないほど大きく、状況はかつてないほど好転している。

[正答率30%]

　これもポイントはふたつ。can't be overestimated と have never been better です。

　第1の can't be overestimated は A-28と A-97で説明した "cannot … too 〜" のバリエーションです。つまり、can't be overestimated は「どんなに高く評価してもしすぎることはない」、つまり「計り知れないほどすばらしい」という意味です。overestimate を「過大評価する」と機械的に訳しているかぎり、おそらく正反対の意味に解釈してしまうでしょう。

　第2の have never been better は、現在完了の形ですから、「いままでに状況がこれ以上よかったことは一度もない」、つまり「いまは最高の状態にある」という意味です。それなら、この文の前半の内容ともまったく矛盾しません。

　前後とも逆の意味にとってしまった誤訳例を多数見かけます。

207

▼訳例と解説

B-30 In a decimal expansion of nineteen thousandths, what digit could appear in the ten-thousandths' place?

⟹1,000分の19を小数で表したとき、小数第4位に現れる（はずの）数字は何か。　答　0

[正答率30%]

　数の表現にまつわるもので、前半と後半について、それぞれにむずかしい個所があります。こういった表現については、ある程度の慣れが必要です。

　まず前半。A-47にも出てきた分数の言いまわしなのですが、数が大きくなると分数であることに気づかない人が増えます。あらためて確認しますが、3分の1は a third、3分の2は two thirds です。後者は a third ふたつぶんだから複数形のs がつくわけですね。それとまったく同じように考えて、nineteen thousandths は、1,000分の19。「1,000分の1が19個」という意味ですから、あいだにハイフンははいりません。decimal には「小数」と「十進法」の訳語があり、ここではどちらでも意味が通らなくもありませんが、decimal expansion をそのまま訳せば「小数展開」となり、この場合は、要するに「分数を小数で表せば」ということです。1,000分の 19 を小数で表すと 0.019 ですね。

> a third＝3分の1
> two thirds＝3分の2
> a thousandth＝1,000分の1

PART B　難問編

　つぎに後半。tens' place は「10が集まっている場所」だから「10の位」で、hundreds' place は「100の位」です。逆にtenths' place は「10分の1の位」、hundredths' place は「100分の1の位」となりますが、日本語ではそれぞれ「小数第1位」「小数第2位」と言うほうがずっとわかりやすいでしょう。したがって、問題文の ten-thousandths' place は「10,000分の1の位」すなわち「小数第4位」です。

　なお、「〜の位の数字」を表すときは、place のかわりにdigit が用いられます。「10の位の数字」は tens' digit、「小数第1位の数字」は tenths' digit となります。こちらの言い方も同じくらいよく見かけます。

> hundreds' place＝100の位
> tens' place＝10の位
>
> tenths' place＝10分の1の位＝小数第1位
> hundredths' place＝100分の1の位＝小数第2位
> thousandths' place＝1,000分の1の位＝小数第3位
> ten-thousandths' place＝10,000分の1の位＝小数第4位

209

▼訳例と解説

　問題文全体の意味は、「1,000分の19を小数で表したとき、小数第4位に現れる数字は何か」ということですが、実際に表すと0.019なので、小数第3位までしかないことになります。厳密に言えば、書かれていなくても小数第4位は0ですから、答は0になります。原文で could appear という仮定法の表現が使われているのは、「書かれていないものをもし仮に表せば」という意味合いが含まれているからです。

　もちろん、最終的な答が正しく求められていなくてもかまいませんが、逆にまったくちがう意味に解釈して答だけが偶然正解というのは困りますね。数に関する表現というのは、接する機会があまりないので、苦手に感じる人が多いのですが、誤読したときの被害の大きさはほかの表現をはるかにしのぐので、この本で扱っているもの（この問題と A-47のほか、A-118、A-120、C-06、C-10参照）ぐらいはしっかりマスターしてください。

学習相談 Q & A *part 5*

Q. 辞書はどんなものを選ぶべき?

　初学者ならともかく、この本の読者は中級以上でしょうから、紙の辞書か電子辞書かという質問には、当然電子ですとお答えします。キーボードの入力にある程度慣れた人にとっては、同じ量の調べ物にかかる時間は紙だと10倍程度になるでしょう。少しでも迷ったときはどんどん辞書を引いてもらいたいので、電子辞書以外の選択はありません。

　英和辞典について言えば、見出し語が多いものと語法解説がしっかりしているものの両方を備えておきたいです。さらに言えば、辞書検索ソフトによって串刺し検索(同時に複数の辞書を引くこと)ができる環境にしておくことが理想です。

　わたし自身は、英和辞典、英英辞典、国語辞典、類語辞典、各種専門辞書など、約20種類の辞書を同時に串刺し検索しています。1日の仕事で、辞書を引いたりネット検索をしたりするのはたいがい数百回。経験を積めば積むほど、辞書を引く回数は増えていくというのが実情です。もっとも、調べ物の楽しみは、翻訳の仕事の大きな魅力でもあります。

　かつては、紙の辞書で周囲の単語が目に入ることがよい勉強になったものですが、いまはそれがないかわりに、リンク先へ飛ぶことで知識の幅をひろげていけます。

PART C

超難問編 10 問

正答率 20％未満

ここには、翻訳学校の授業で扱ったとき、正しく読めた人が 20％
未満だった英文ばかりを集めてあります。とはいえ、このうちの半
数は、【PART A】や【PART B】で説明した内容のちょっとした
変形にすぎませんから、ここまで徹底的に読みこんできた人にとっ
ては、さほどむずかしくないかもしれません。
誤読・誤訳に陥るのにはもちろん無数の理由がありますが、この
本に何度も繰り返し出てきたいくつかのパターンに留意するだけで
も、かなり防ぐことができるはずです。

問題

PART C 超難問編

C-01 They routinely write checks of ten twenty a hundred thousand dollars.

[正答率**10**％]

▼訳例と解説

C-01 They routinely write checks of ten twenty a hundred thousand dollars.

➡彼らは日ごろから、1万ドル、2万ドル、10万ドルの小切手を切っている。

[正答率10%]

　変な文ですね。およそ現実には考えられなさそうな文です。しかし、これはある小説の一節をそのまま抜き出したものなのです。もちろん、通常はどこかにカンマを入れるわけで、そうでなければいわゆる悪文なのですが、ときにはとんでもない悪文と付き合わなくてはいけない場合もあります。
　言うまでもなく、ポイントは

ten twenty a hundred thousand dollars

の読み方です。どうしてもわからないときは、なんとなく「高額の小切手を何度も」などと訳してごまかすのもひとつの手でしょうし、そういうことができるのも実力のうちなのかもしれませんが、ここではごまかさずに突き詰めて考えてみましょう。

　ざっと一読して、最初に「10ドル、20ドル、100ドル、1,000ドル」と読んだ人が多いのではないでしょうか。しかし、

その読み方にはひとつ無理があります。というのも、そのように読ませたければ、hundred と thousand の両方に a をつけるか、あるいは両方ともつけないか、書き手はそのどちらかを選ぶはずだからです。もっとも、後者を選んで

ten twenty hundred thousand dollars

としたら、「10かける20かける100かける1,000」などと読まれる可能性もなくはないので、おそらく避けるとは思いますけどね。

さて、hundred だけに a がついて、thousand にはついていない理由はなんでしょうか。hundred が thousand にかかっているから、以外には考えられませんね。ですから、少なくともその個所は、100×1,000＝100,000なので、「10万ドル」としか読みようがありません。そうなると、ten や twenty のあたりにハイフンでもはいっていれば別ですが、現状では

ten, twenty, a hundred thousand dollars

のふたつのカンマが悪文ゆえに省略された形と見るのが正しい読み方です。その場合、厳密に言えば意味が2通り考えられます。

215

▼訳例と解説

第1が

ten		
twenty		dollars
a hundred thousand		

つまり、「10ドル、20ドル、10万ドル」の3種類と読む解釈。そして第2が

ten		
twenty	thousand	dollars
a hundred		

つまり、「1万ドル、2万ドル、10万ドル」の3種類と読む解釈です。バランスのよさや一般常識から考えて、後者の読みのほうが正しいのは明らかですね。この言い方は全体で慣用表現として使われることもあるようですが、ここでは徹底的に理詰めで考えてみました。こういう訓練を重ねることが、誤読・誤訳を防ぐうえで何より重要だからです。

問題

PART C 超難問編

C-02 Today's household product is much better than it was. Rarely have aesthetics and functionality been so much in public demand. Shops that sell tasteful items are emerging in the most unattractive of shopping malls.

[正答率**10**%]

C-03 A dream is, so to speak, an additional helping of experience for which, in my opinion, we are never sufficiently grateful.

[正答率**15**%]

217

▼訳例と解説

C-02 Today's household product is much better than it was. Rarely have aesthetics and functionality been so much in public demand. Shops that sell tasteful items are emerging in the most unattractive of shopping malls.

⇒今日の日用品は、昔と比べてはるかにすぐれている。美観や機能性がこれほど大衆から求められたことは珍しい。どんなに地味な商店街にも、趣味のよい品物を売る店がいくつも現れつつある。

[正答率10%]

　この文章には、比較表現にまつわる日本人の弱点が凝縮されています。3つの文それぞれに、まちがいやすい比較表現が含まれます。

　1文目は much better の much を見落としていないかどうか。「もっとよい」ではなく、「ずっとよい」「はるかによい」「格段によい」などと訳されていれば問題ありません。頻繁に出てくる場合などはつねに訳し出さなくてもいいでしょうが、この種の much を平気で無視する、というより、これが目に留まらない人があまりにも多いので、注意を喚起する意味であえて出題しました。

218

２文目は、半数以上の人が正反対の意味に解釈します。"Rarely have … so much" ですから、「これほどまで多かったことはほとんどない」、つまり「いまが最も注目されている」というニュアンスなのですが、どういうわけか、「いまはあまり注目されていない」という訳文を多く見かけます。現在完了と so を忠実に読めば、そんな意味になるはずがありません。"I have never read so interesting a story as this." なら、おそらくだれでも「こんなにおもしろい本を読んだことはない」→「これまで読んだなかで最もおもしろい本だ」と考えるはずです。最後の as this が省略された "I have never read so interesting a story." も、もちろん同様の意味ですね。B-29には現在完了と比較級がセットになった例が出てきましたが、比較級でも原級でも本質的には同じことです。現在完了の文で as や than 以下がまるごと省略されていたら、「現状」や「いま目の前にあるもの」との比較を考えるべきです。

３文目は、「最も地味な商店街に、趣味のよい品物を売る店がいくつも現れる」では、どうもすっきりしません。ふつう、そういう店は「最も派手な」商店街に現れるはずですからね。こんなふうに最上級でしっくりしないときはどう考えるんでしたか？　そう、A-69とB-17でも扱ったケースです。この問題でも、even を最上級の前に補って「最も地味な商店街にさえ」や「どんな地味な商店街にも」と読めばみごとに意味が通ります。

▼訳例と解説

C-03　A dream is, so to speak, an additional helping of experience for which, in my opinion, we are never sufficiently grateful.

→夢は、いわば経験のさらなるおかわりである。これにはどれほど感謝しても行きすぎにならないとわたしは思う。

[正答率15%]

　前半の helping は「助け」ではなく、普通名詞の「（食べ物の）ひと盛り」という意味。つまり an additional helping は「もう一皿」や「おかわり」「おまけ」ということです。「助け」ではどうも experience との関係がはっきりしないとか、helping は抽象名詞であるはずなのになぜ an がついているのかなどと考えて、辞書を引いてみた人なら、ここでの意味に気づいたはずです。もともとその意味を知っていた人は少ないでしょうが、こういうときに**辞書を引くだけの感度のよさ（と、もちろん辛抱強さ）も実力のうち**なのです。

　we are never sufficiently grateful は、A-28、A-97、B-29 と繰り返し出てきた "cannot ... too 〜" の変形で、「どんなに……してもしすぎにならない」ですから、強い感謝の気持ちの表れた訳文にする必要があります。

220

問題

PART C 超難問編

C-04 Experiments in language learning have demonstrated the useful influence on later memory of having the subject practice reading aloud the material to be learned.

[正答率**15**％]

C-05 You never disclose your own character so distinctly as when you describe others'.

[正答率**15**％]

221

▼訳例と解説

C-04 Experiments in language learning have demon-
strated the useful influence on later memory of
having the subject practice reading aloud the mate-
rial to be learned.

➡言語の習得に関するいくつかの実験が示したと
ころによると、覚えるべき教材を被験者に音読さ
せることは、その後の記憶によい影響を及ぼす。

［正答率15％］

　かなり読みづらい英文です。"the useful influence on later
memory of having ..." の部分は、「～することがのちの記憶
によい影響を及ぼすこと」のように、of 以下が influence に
直接かかる形でとらえなくてはなりません。of 以下が短け
れば "influence of A on B" の語順になるのがふつうで「A
のBへの影響」とするところですが、of 以下が長いせいで
後ろへまわったため、わかりにくくなっています。

　後半については、"having the subject practice reading
aloud ..." の subject を「主題」「科目」などの意味にとっても、
この個所の構造は理解できません。この subject は「被験者」、
つまり実験の対象となる人間（おそらく子供）という意味で
す。ここは "have ＋人＋原形不定詞" の形で「被験者に練習
させる」となり、さらに、動名詞 reading（practice は不定

222

詞を目的語にできない動詞です）がつづいています。

　前半の of 以下のかかり方が読めない人が３分の１ぐらい、後半の subject practice reading の構造をよく考えないまま、なんとなく「音読の主題学習」などと訳す人が半数以上います。aloud と loudly のちがいは A-50 でも説明しましたね。

Experiments in language learning have demonstrated the useful

influence on later memory of having the subject practice reading
（使役）　　　　　　　（原形不定詞）（動名詞）

aloud the material to be learned.

▼訳例と解説

C-05 You never disclose your own character so distinctly as when you describe others'.

→人間の性格が最もよくわかるのは、その人が他人の性格について語っているときだ。

[正答率15%]

「他人の性格について語っているときほど、あなたが自分の性格をさらけ出すことはない」で正しいのですが、何を言っているかわかりにくいですね。こんなときは、「他人の性格について語っているとき、人間は自分の性格を最もよくさらけ出す」のように、最上級に変えてみるとすっきりします。もっと平たく言えば、「人間は、他人の悪口を言っているときがいちばん醜い」とでもなるでしょうか。

英語の読み方としては、disclose と describe というよく似た動詞がまったくちがった意味で使われているにもかかわらず、ごちゃ混ぜにしてしまう人が多いようです。正しく読めた人は、ほぼまちがいなく最上級に変えた訳文を作っているはずです。"You disclose your own character most distinctly when you describe others'." とすれば、読みとるのもさほどむずかしくありませんね。

224

問題

C-06
- Linda had three times as many pens as I did.
- Linda had three times more pens than I did.

［正答率**15**％］

C-07
We can hardly imagine thought without language — not thought that is precise, anyway.

［正答率**15**％］

C-08
George Bush's victory in the 2000 presidential election was an extremely narrow one, with a controversy over who won Florida's electoral votes, among others.

［正答率**5**％］

▼訳例と解説

- Linda had three times as many pens as I did.
- Linda had three times more pens than I did.

➡ ・リンダはぼくの３倍の数のペンを持っていた。
　・リンダはぼくの４倍の数のペンを持っていた。

[正答率15%]

　上が「３倍」なのは問題ないでしょう。下が上と同じ意味だと思っている人は大変多いのですが、実はちがいます。たとえば、仮に three times の位置に half を入れてみたらどうなるでしょうか。

Linda had half as many pens as I did.
Linda had half more pens than I did.

この場合は、ちがいが歴然としていますね。上は「半分」であり、下は「半分多い」すなわち「１倍半（1.5倍）」です。もとの問題も同様に考えれば、上が「３倍」、下が「３倍多い」、すなわち「４倍」だと気づくはずです。もちろん、下を「３倍以上」とするのは問題外（A-62参照）。下を「３倍多い」と訳すのはまちがいではありませんが、非常にわかりづらいです（というより、自分自身でちがいを理解していない可能性が高いと思います）。

　ただし、実のところ、この２文のちがいはネイティブ・スピーカーも意識していないことが多いのです。日本語でも、ふだんの生活で「３倍多い」と言ったら、「４倍」ではなく「３倍」を指すほうがたぶん多いでしょう。英語でも同じこ

とが言えます。ただ、自然科学に関する文章やことばを正確に使う教養人の文章では、（日本語でも英語でも）確実に使い分けられていますから、やはりちがいを知らなくてはなりません。どちらの意味になるかは、文脈や使われている状況を見て判断してください。

C-07 We can hardly imagine thought without language
— not thought that is precise, anyway.

➡ 言語なしで物を考えることなど、ほとんど想像もつかない。とにもかくにも、正確に物を考えることは、まったく想像がつかない。

［正答率15%］

何度もしつこく採りあげた否定省略文のまとめです。正答率15%となっていますが、この本をていねいに読んできた人なら確実に正解できるはずです。

これまでと同じルールで読むだけなので、解説は最小限にします。"We can hardly imagine thought without language"（言語のない思想など、ほとんど想像できない）の直後ですから、"not thought that is precise, anyway." の完全な形は "We can NOT imagine THOUGHT …" です。前半が hardly、後半が not なので、「ほとんど〜ない」「まったく〜ない」というふうに、否定の度合いに差がついていることにも注意してください。

227

▼訳例と解説

C-08 George Bush's victory in the 2000 presidential election was an extremely narrow one, with a controversy over who won Florida's electoral votes, among others.

➡2000年の大統領選でのジョージ・ブッシュの勝利は、他の歴代大統領たちのそれと比べてはるかに僅少差のものであり、しかもフロリダの選挙人をだれが獲得したかにまつわる議論を引き起こした。

[正答率5%]

　正解者がゼロに近い問題です。among others は辞書に「とりわけ」とあるので、そのまま「とりわけフロリダの選挙人を……」などと訳した人が大半ですが、その読み方のどこがまちがいなのか。また「左から右へ読む」をやってみましょう。

George Bush's victory in the 2000 presidential election was an extremely narrow one,

　ここまでは B-01 と同じく、主語・動詞・補語とつづく幹（本流）の部分です。カンマが見えた時点で枝（支流）へ分かれるというのも同じです。

228

さて、つづけて読んでいきましょう。

George Bush's victory in the 2000 presidential election was an extremely narrow one, with a controversy over who won Florida's electoral votes,

ここで２個目のカンマが現れました。さらに支流に分かれるか、本流へもどるかのどちらかですね。しかし、仮に支流に分かれると予想したとすると、

George Bush's victory in the 2000 presidential election was an extremely narrow one, with a controversy over who won Florida's electoral votes, among others.

これだけで終わっては奇妙ではありませんか。多くの人が「とりわけフロリダの選挙人についての論争を起こした」のように訳し、among others を Florida' s electoral votes にかけて読んでいるのですが、そういう意味ならわざわざカンマを入れずに、

Florida's electoral votes among others

と言えばいいのです。となると、本流へもどるほうが正しそうですね。では、冒頭からつづいてきた本流部分の最後はどんな単語だったでしょうか。そう、one です。そして、つ

▼訳例と解説

なげて読めば、one と others が対になっていることに気づくはずです。

　ところで、この one はもともとどの単語のかわりに用いられていたのでしょうか。冒頭から読みなおせば、victory だとわかります。だとしたら、others は other victories の省略形だと言えるわけです。つまりこの文は、ふたつのカンマにはさまれた挿入部分を除くと「大統領選でのブッシュの勝利はほかの勝利と比べてはるかに僅少差のものだった」という意味です。

　では、「ほかの勝利」とはなんでしょうか。厳密には 2 通り考えられます。第 1 が「ブッシュがかつて戦った別の選挙での勝利」、第 2 が「歴代の大統領選における、ほかの大統領たちの勝利」です。形のうえではどちらもありえますが、選挙人についての話題がはさまっていて、大統領選に限定した話題と考えられるため、後者が妥当です。また、大統領選史上最大の接戦だったことは、当時の報道を覚えている人ならご存じですね。

　among others が遠く後ろに離れているのは英文の書き方としてけっしてほめられたものではありませんが、C-01 などと同様、ときには悪文も読みこなさなくてはならないのです。

問題

PART C 超難問編

C-09　Jane had lied to me once, but nothing less than the truth would be satisfactory enough for me this time. But lies, naturally, are only one way to avoid being followed. When I reached her house and observed the securely locked door, I knew she'd resorted to another. She had fled the scene.

［正答率**5**％］

▼訳例と解説

C-09 Jane had lied to me once, but nothing less than the truth would be satisfactory enough for me this time. But lies, naturally, are only one way to avoid being followed. When I reached her house and observed the securely locked door, I knew she'd resorted to another. She had fled the scene.

➡ジェーンには以前嘘をつかれたが、今回は真実以外のもので納得するつもりはなかった。しかし、言うまでもなく、嘘は追跡をかわすひとつの手段でしかない。ジェーンの家の固く閉ざされた扉を見たとき、わたしは彼女が第二の手段に訴えたことを知った。逃亡したのだ。

［正答率5％］

　正答率がゼロに近い難問ですが、これも実在する小説の一節に少しだけ手を加えた文章です。最大のポイントは第２文ですけれど、それ以前に第１文でつまずいた人もかなりいます。第１文の "nothing less than the truth would be satisfactory" は、「真実以下の何物でも満足しない」とそのまま訳せばいいだけなのですが、どうも考えすぎて何がなんだかわからなくなってしまった人が多いようですね。「前回は彼女に嘘をつかれたが、今回はぜったいに嘘をつかせない」というのがこの個所までの趣旨です。

232

第２文は、ほぼ全員が「もちろん、嘘は追跡をかわす唯一の手段である」と読んでいます。実を言うと、前後関係を無視すれば、その訳でも問題はありません（その場合は the がつくことが多いのですが）。しかしその先を読むとどうなるでしょうか。つぎの文では「彼女の家の固く閉ざされた扉を見るや、わたしは彼女が第２の手段に訴えたことを知った」と言っています。実はこの resorted to another も、多くの人が「ほかの人を頼った」などと誤訳していますが、resort to のあとには手段や方法を表す単語が来るのがふつうですし、前の文に one、この文に another があるので、これは resorted to another way の略以外に考えられません。

さて、第２文にもどりますが、第３文まで読めば、さっきの訳がなんだか変だと感じられるでしょう。「嘘は唯一の手段だ」と断じたあとで、舌の根の乾かぬうちに「第２の手段に訴えた」などというまったく矛盾した内容を書いていることになるからです。では、どこを読みちがえたのでしょうか。上にも書いたように、resorted to another の解釈を変えることはできません。ここは「第２の手段」すなわち fled the scene に訴えたとまちがいなく言っています。となると、問題は第２文にあったことになります。

ここで、下のふたつの文の意味を考えてみてください。

Bobby is her only friend.
Bobby is only her friend.

▼訳例と解説

　only の位置が変わるだけで、まったくちがう意味になってしまいますね。上は「ボビーは彼女の唯一の友達だ」ですが、下は「ボビーは彼女の友達にすぎない」です。下は、文脈しだいでいろいろな含意が考えられますが、「恋人ではなくて友達にすぎない」のように解釈するのがいちばんわかりやすいのではないでしょうか。このケースでは only の位置によって意味のちがいを判別できましたが、実はまったく同じ文がふたつの意味に解釈できる場合もあるのです。それがこの問題の第2文です。

Lies are only one way to avoid being followed.

　これは「嘘は追跡をかわす唯一の手段である」とも読めますが、「嘘は追跡をかわすひとつの手段にすぎない」とも読めないでしょうか。この文の場合は、冠詞も所有格もついていないため、両者がまったく同じ文になるのです。もっとも、これを音読する場合には強勢の位置がちがい、前者では one を、後者では only を強く読むわけですが、字で書くとまったく同じになってしまいます。後者の読み方をすれば、「ひとつの手段にすぎない」わけだから、「ほかにもいくらでも手段がある」ことになり、第2の手段に訴えても変ではありません。ある種の偶然ではありますが、同じ文なのに正反対の意味になってしまうという特異な例です。A-110で扱った also の例も、ここまで極端ではありませんが、似たケースだと言えるでしょう。

234

問題

PART C 超難問編

C-10 What is the greatest whole number such that the sum of 5 and the product of 5 and that whole number is less than 20?

（数学の問題です。訳したあと、できれば答を求めてください）

［正答率**10**％］

235

▼訳例と解説

C-10 What is the greatest whole number such that the sum of 5 and the product of 5 and that whole number is less than 20?

➡5に、5とある整数との積を加えたものが20未満になる。これを満たす最も大きい整数はいくらか。

（5＋5x＜20 より、5x＜15、つまり x＜3
これを満たす最も大きい整数は2　答　2 ）

[正答率10%]

　数にまつわる問題は、正しく読めているかどうかを判定できる場合があります。文学的な表現などとちがって、誤読したかどうかがはっきりわかるからです。この問題は、「左から右へ読む」を実践する好材料でもあります。
　この問題文をざっと読んで、

the sum of 5 and the product of 5 and that whole number

の部分を、ふたつの and によって3つのものが並んでいると読んだ人がかなりいると思いますが、3つのものを並べる場合、"A and B and C" という形は原則としてありえず、"A, B〔,〕and C" という形をとるべきです。
　また、sum（和）と product（積）は、ともに "the sum

of A and B"（〜と〜の和）、"the product of A and B"（〜と
〜の積）のように使ってはじめて意味をなすことばです。3
つのものの和や積を表す場合は、前の段落の記述どおり、
"the sum of A, B [,] and C" や "the product of A, B [,] and C"
となりますから、本文に出てくる形とはちがいます。

　以上を踏まえて、左から右へゆっくり読んでいくと、
"What is the greatest whole number such that 〜"（〜を満
たすいちばん大きな整数を求めよ）のあと、まず

  the sum of 5 and

で、and が見えた以上、残る相手はひとつだけですから、

```
                ┌ 5
the sum of   and
                └ the product
```

と読むのがルールです。そして、product のあとも同じよ
うにふたつのものがつながれているので、全体としては以下
のような構造になります。

```
                ┌ 5
the sum of   and                  ┌ 5
                └ the product of   and
                                    └ that whole number
```

237

▼訳例と解説

　つまり、ここまでで、「5と、5とその整数の積との和」
になります。わかりにくいので、「5に、5とその整数をか
けた答を加えたもの」とでも言い換えてみましょうか。数式
で言えば、その整数を x とすると $5+5x$ です。そして、そ
れが20より小さいのですから、「$5+5x < 20$」を満たす最も
大きな整数を求めればいいわけです。

　表現についてふたつ補足しておきます。まず whole num-
ber は正確には「0以上の整数」で、これにぴったり該当す
る数学用語は日本語にはありません。「自然数」というのは
「1以上の整数」ですから、微妙にちがいます。基本的な数
学用語については、英語と日本語の表現がほぼ1対1で対応
するのですが、これはちょっとした例外です。この問題では、
どちらにせよ答は変わらないこともあり、単に「整数」と訳
してあります。

　つぎに、"less than ～" は「～以下」ではなく、「～より小
さい」または「～未満」です（同様に "more than ～" は「～
以上」ではなく、「～より大きい」）。一般に、比較の表現は
（否定の場合を除いて）境界を含みません。larger や fewer
などでも同様です。したがって、この問題を解いていくと、
最後は $x \leq 3$ ではなく $x < 3$ となるため、答は2になりま
す。厳密さを要する場合は、こういう知識も必要になります。

238

学習相談 Q & A　*part 6*

Q. ボキャブラリーを増やしたいのですが……。

　昔から、単語集でひとつひとつ覚えていくのがよいのか、あるいは実際の英文で文脈に即して覚えていくほうがよいのかという議論がありますが、これは人によって向き不向きがあります。わたし自身は、大学受験の時期に単語集を擦り切れるまで読みこんでまるごと覚えた経験があり、それでよかったと思っています。もちろん、単語集でひとつひとつ覚えただけでは、それぞれの単語はまだ中途半端にしか身についていません。**実際の英文のなかで何度も見たり聞いたりしていくうちに、記憶の深層に定着していくものです。**

　単語集を使用するにあたっては、「今週は1から50、来週は51から100」というようなやり方はお勧めできません。「今週は1から50、来週は1から100、翌週は1から150」という目標を立ててみてください。それが無理であれば、2週目は1から80でもいいでしょう。むやみに先へ進むより、**少し遅くてもよいから足もとをしっかり固めるほうが結局のところ近道です。**

　ある程度蓄積ができると、類推したり比較したり、さまざまな抽斗が頭のなかにできてきて、**覚えるペースは加速していきます。**1冊の単語集に取り組むとき、後半は前半の倍以上の速さで覚えられるのがふつうです。

PART D

活用編 30 問

PART C までの問題を作ったあとに、翻訳の仕事や翻訳講座の
生徒とのやりとりなどを通してさらに見つけた、誤訳しがちな英文を
集めました。同業者や生徒が提供してくれたものも何問かあります。
いくつかの問題では、かなり長い解説をつけ、ときには関連事項
へと脱線しながら話を進めていますが、そういう部分まで含めて隅々
まで読んで、誤訳・誤読を大きく減らすヒントとして活用してもらい
たいものです。

問題

D-01 A-67では、that が5個つづく英文を採りあげましたが、今回は8個です。どんな意味になるでしょうか。2か所のイタリックがヒントです。

She said that that *that* that that *that* that that man had referred to was supposed to indicate was used properly in the sentence.

▼訳例と解説

D-01 She said that that *that* that that *that* that that man had referred to was supposed to indicate was used properly in the sentence.

➡あの男は「その that」と言い、そのことばが指し示しているのはどうやら目の前の「その that」だが、それは文の中で正しく使われている、と彼女は言った。

　そのまま訳しても意味不明なので、上の訳例はことばを多く補ってあります。

　A-73で that *that* を「あの that」と読みましたが、今回はその形が２回出てきていることに気づけたでしょうか。まず、そのふたつを引用符でくくると、つぎのようになります。

She said that "that *that*" that "that *that*" that that man had referred to was supposed to indicate was used properly in the sentence.

　最初の that は接続詞で、彼の話した内容が以下につづきます。最後の that は man につながり、「あの男」を表しますね。すると、残る that はふたつだけで、これはどちらも関係代名詞だと判断できます。

　５番目の that から真ん中あたりまでの

242

"that *that*" that that man had referred to
　あの　　　　　関係詞 あの

　だけで、「あの男が言及した「その that」」を意味します。
少し視野をひろげて、２番目の that から indicate までの

"that *that*" that "that *that*" that that man had referred to was
　あの　　　　　関係詞 あの　　　　　　関係詞 あの
supposed to indicate

　となると、「あの男が言及した「その that」が指し示して
いるらしい、「その that」」です。たとえば、目の前の紙か
黒板か何かに that と書いてあり、その男はそれを指さすか
何かしながら、口で「その that」と言ったのです。
　つぎに、全文を見てみると、

**She said that "that *that*" that "that *that*" that that man had
referred to was supposed to indicate was used properly in
the sentence.**

　となります。「いま話題になっている、紙か黒板に書かれ
た that という単語が、文中で文法的に正しく使われている、
と彼女が言った」というわけです。
　おわかりいただけたでしょうか。微妙に異なる状況は考え
られますが、だいたいこのような解釈になります。
　頭がくらくらした、という人も多いでしょう。わたし自身
も、すぐに読みとれたわけではなく、線で区切ったりカッコ
でくくったりしながら情景を目に浮かべて、何分かかかって
ようやく納得しました。

243

▼訳例と解説

　こういった英文はゲームに近いものですから、自力で正解を導き出せなくてはならないということはまったくありません。しかし、ときには**英文を解きほぐしていく頭の体操をする**のも悪くないでしょう。

　同様の問題をあと2問出題します。しばらく時間をかけて考えてみてください。

問題

PART D 活用編

D-02 文法的に完全に正しい文です。buffalo が８個ありますが、実は３種類しかありません。固有名詞、普通名詞（または集合名詞）、そして「いじめる」という意味の動詞です。

Buffalo buffalo Buffalo buffalo buffalo buffalo Buffalo buffalo.

▼訳例と解説

D-02 Buffalo buffalo Buffalo buffalo buffalo buffalo Buffalo buffalo.

➡ バッファロー市の水牛たちがいじめているバッファロー市の水牛たちが、バッファロー市の水牛（たち）をいじめている。

　ニューヨーク州立大学バッファロー校の准教授が、「同じ単語だけでどれほど難解な文を作れるか」という試みとして考え出した英文です。ただ、3種類しかないことを知っていれば、大文字ではじまる Buffalo がよい目印となり、さほどむずかしくないかもしれません。

　大文字ではじまる3つが固有名詞ですから、これが（市である必要はありませんが）「バッファロー市」です。

Buffalo **buffalo** **Buffalo** **buffalo** **buffalo** **buffalo** **Buffalo**
市　　　水牛　　　市　　　水牛　　　　　　　　　　　市
buffalo.
水牛

　大文字ではじまる3つの Buffalo のつぎの buffalo はすべて「水牛」という意味で、3か所とも「バッファロー市の水牛」となります。そして、残るふたつ（5番目と6番目）が「いじめる」という意味の動詞です。

　ここで大事なのは、buffalo という名詞は単数形のまま、集合名詞として「水牛の集団」という意味も持つということです。そのため、動詞には三単現の s（あるいは es）をつけ

246

る必要がありません。逆に言えば、動詞がただの buffalo なら、それに対する主語は複数の水牛だということになります。

これがわかれば、2番目のあとに that などの関係詞が省略されていると考えて、5番目までで「バッファロー市の水牛たちがいじめている（別の）バッファロー市の水牛たち」と読むことができます。

そして、その（別の）水牛たちが、さらに別の水牛（最後の buffalo は1頭である可能性もあります）をいじめている、と読めば、すべて解決します。

音読するときは

Buffalo buffalo / Buffalo buffalo buffalo / buffalo Buffalo buffalo.

と切って読むことになりますね。

学習相談 Q & A *part 7*

Q. 辞書を引かずに英文を読むのは効果的か？

これには向いている人と向いていない人がいます。辞書を引かずに前後から類推して原書を読み、それをつづけるうちに、英語を英語のまま理解できるようになっていく——そのように習得できる人はたしかにいます。

わたし自身、中学・高校・大学時代ぐらいまで、そういう学習法がいちばんだとよく言われていたため、実行してみましたが、何度も挫折し、やがて自分には向いていないと悟りました。自分の性格では、何かをあいまいにしたまま先へ進むのが気持ち悪くてしかたがないのです。だから、**ある程度の類推をしながら読み進むとしても、ストレスを感じたら無理せずにすぐに辞書を引く**ことにしました。翻訳の仕事をしているいまも、基本的には同じスタンスです。

もちろん例外はありますが、大ざっぱに言うと、男性はわたしと同じタイプの人が多いと思います。女性のほうが、少々わからないことがあっても、大筋をつかむ能力に長けている人が多いですね。読むだけでなく、リスニングでも同じです。同業者の女性のなかには、辞書を引かずに原書を何百冊も読んで語学力をつけたという人が実際に何人もいます。少しうらやましいですが、やはり自分に合った方法を選ぶのがいちばんでしょう。

問題

D-03　ある人がレストランでメニューを見ながら、感じた
ことを述べている場面を想像してみてください。

The gaps between Fish and and and and and Chips should
be equal.

▼訳例と解説

> **D-03** The gaps between Fish and and and and and Chips should be equal.
>
> ➡ （"Fish and Chips" の）"Fish" と "and" の間隔と、"and" と "Chips" の間隔は同じであるべきだ。

　イギリスの代表的な食べ物である「フィッシュ・アンド・チップス」がメニューに載っている場面ですが、手書きの文字なのか、Fish と and と Chips という３語の間隔が均等ではない、とだれかが言っている状況です。

　カッコと引用符を入れて簡単に図解すると、以下のようになります。

The gaps between ["Fish" and "and"] and ["and" and "Chips"] should be equal.

250

問題

PART D 活用編

D-04 酒と煙草で、害が少ないのはどちらでしょうか。この英文にある情報だけから判断してください。そして、そのように考えた理由はなんでしょうか。

Alcohol and cigarette are both harmful. But this is less harmful than that.

▼訳例と解説

D-04　Alcohol and cigarette are both harmful. But this is less harmful than that.

➡酒も煙草も健康によくない。しかし、煙草は酒よりも害が少ない。

　酒と煙草について、一般には酒のほうが害が少ないと言われるケースがほとんどだと思いますが、ここは常識がどうこうではなく、英文の形だけから判断しなくてはいけません。手がかりになるのは this と that だけです。

　ご存じのとおり、this は that より距離の近いものを指しますから、こういう場合も、**文中での距離が近いほうが this であるというのがルール**です。つまり、2番目の文から見て、距離が近いのは後者の cigarette ですから、this は cigarette を指します。常識とは逆のことが書いてあったわけですね。

　このルールをややこしく感じた人は、単に「**文中でふたつのものが並んでいたら、this はあとのもの、that は前のものを指す**」と覚えてしまってもかまいません。ただし、これはまぎらわしいルールにはちがいないため、現実にはほかの説明なしでこのような英文が出てくることは稀です。

　文中での this と that については、もうひとつ大事なことがあります。それは、**this はこれから述べようとしていることを指す傾向があり、that はすでに述べたことを指す傾向がある**ということです。

　たとえば、わたしは20代、30代のころによくテレビで

252

CBS Evening News を観ていたのですが（当時は日本でも地上波で放送されていました）、この番組はかならず最初に

This is the CBS evening news.

と言ってからはじまります。つまり、これから起こることを this と呼んでいるわけですね。そして、番組の終わりにはキャスターが

And, that's the CBS evening news.

と言って終わります。つまり、that はこれまでに起こったことを指しているわけです。

このような使い分けは、口頭だけでなく、文章においても同様で、this が「下記のこと」、that が「上記のこと」を表すのが原則になります。

もうひとつ、おまけの問題です。下のふたつはどのようにニュアンスがちがうでしょうか。

You said that!
You said it!

ちがうのは that と it だけです。文脈にもよりますが、このふたつは正反対に近いニュアンスになることが多いので注意が必要です。

上は単に「あなたはそう言った」なので、「自分でそう

▼訳例と解説

言ったじゃないか！」のように非難のニュアンスを帯びる場合が少なくありません。

　下は「そう、まさにあなたの言ったとおりだ」という感じで、「そのとおり！」など、強い同意を表すことが多いようです。ただ、下の意味のとき "You can say that again." とも言うので、わかりにくいです。

　これらは、とりあえず理屈抜きで覚えたうえで、前後関係からどちらの意味なのかを確認するのが無難です。

254

問題

PART D　活用編

D-05　想像力の働きについて述べた文です。どのような意味でしょうか。

Like love, imagination may fairly be said to 'make the earth go round', but, as it works out of sight, it is given little credit for what it performs.

255

▼訳例と解説

> **D-05** Like love, imagination may fairly be said to 'make the earth go round', but, as it works out of sight, it is given little credit for what it performs.
>
> ⇒愛と同様、想像力も「地球を動かす」と言ってさしつかえないが、働きが目立たないので、その成果はほとんど賞揚されない。

　may fairly be said は成句に近く、「〜と言うのは fair だろう」というニュアンスで使われます。この may は「推量（〜だろう、〜かもしれない）」ではなく、「許可（〜してよい）」の意味です。fairly を「かなり」の意味にとって、「〜と言われることがかなり多い」とする訳をよく見かけます。

　前半は "Love makes the earth go round." （愛が地球を動かす）という決まり文句を下敷きにし、imagination も同様に地球を動かすほどの重要な役割を果たしていると言っています。

　最後の what it performs の意味をとらえにくいかもしれませんが、関係詞 what ではじまる部分は「成果」のように簡潔な名詞でまとめると意味がはっきりする場合があります。想像力のもたらすものの大きさに対して、評価が低すぎると言っています。

問題

PART D 活用編

D-06　ジャズの名曲のタイトルです。どのような意味でしょうか。A–46と同じく、文末の to を見落とさないでください。

You'd be so nice to come home to.

257

▼訳例と解説

D-06 You'd be so nice to come home to.

➡あなたのもとへ帰れたら、なんとすばらしいの
か。

1940年代に作られたジャズの名曲のタイトルで、作曲は
コール・ポーター。これまでに何人もの歌手がこの曲を歌っ
ています。メロディを聴けば、「ああ、あれか」と思い出す
人も多いでしょう。

日本では、当初は「帰ってくれれば嬉しいわ」という訳題
がつけられましたが、実はこれは英文の意味とはちがってい
たため、最近は原題のままで通っているようです。

一見、「帰ってくれれば嬉しいわ」で何がちがうのか、とい
う気がするかもしれません。'd は would の省略形なので、
たしかに仮定法の意味合いがあります。しかし問題は最後の
to です。この訳では、文末の to の説明がつきません。

この問題を考えるにあたって、つぎのふたつの文を見てみ
ましょう。

He is eager to please her.
He is easy to please.

非常によく似た英文ですが、構造はまったくちがいますね。
意味から言うと、上は「彼は彼女を喜ばせたがっている」で、
下は「彼を喜ばせるのは簡単だ」です。

上のほうが直線的というか、素直な構文です。彼が彼女を喜ばせたいと思っていることが、ほとんどの人にとってストレートに感じとれるでしょう。

　ところが、下のほうはなんだかねじれた感じがしますね。大学受験などでは頻出の構文ですから、意味はすぐにわかった人が多いでしょう。しかし、上と比べるとちょっと奇妙な語順です。

　文法用語としては、このような構文を「タフ構文」または「循環構文」などと呼ぶようです。なぜ「タフ」なのかというと、tough という形容詞をこの構文で使うことができるからです。また、なぜ「循環」かというと、この例文で言えば、主語の He が最後の please の意味上の目的語となっていて、最後と最初がくっついたように感じられるからです。

　さて、このねじれた感じのする文は

It is easy to please him.

と書き換えることができます。このほうがずっと自然な感じがしますね。そうは言っても、もとの文が誤りというわけではなく、どちらも日常的に使われる構文です。

　なお、**タフ構文（循環構文）はどんな場合でも使えるわけではありません。核になる形容詞が「難易」または「快・不快」を表す場合にかぎられるのです。**「難易」とは、difficult、easy、hard、そして tough などです。「快・不快」とは、pleasant、terrible などです。nice も「快・不快」に該当します。

　さて、ここでようやく本題にもどります。問題文 "You'd

▼訳例と解説

be so nice to come home to." をあらためて見てください。
タフ構文の例だとわかりますね。そして、この文を先ほどと同
じように書き換えると（仮定法をそのまま利用しますが）

It would be so nice to come home to you.

となります。このように書き換えれば、お尻に宙ぶらりん
についていた to の説明もつきます。つまり、意味は「あな
たのもとに帰るのはなんとすばらしいことか」ということで
す。帰るのはあなたではなく、わたしのほうだったというわ
けです。

　非常にわかりづらい文ではありますが、最後の to がなん
となくはずみでついたものだと決めつけていたら、このよう
な解釈にはたどり着けなかったはずです。何も考えずに英文
をすらすら「直読直解」するのが理想であり、最終目標ではあ
りますが、ときには理詰めに考えていかないと、わからない
ものは永遠にわからないままになってしまいます。

260

問題

D-07 弁護士事務所の面接の場で、事務所の代表者が若者に向けて言ったことばです。下の生徒の訳文のどこがまちがっているでしょうか。

We don't guarantee it, but if you join our firm, put in ten hard years, make partner and put in ten more years, and you're not a millionaire at the age of forty–five, you'll be the first in twenty years."

▼

ある生徒の訳文

「いま保証はできないが、もしきみがこの事務所にはいり、10年間懸命に働いてパートナーになり、さらに10年働いたら、45歳で百万長者どころではなく、20年後にはトップになっているはずだ」

▼訳例と解説

D-07 "We don't guarantee it, but if you join our firm, put in ten hard years, make partner and put in ten more years, and you're not a millionaire at the age of forty–five, you'll be the first in twenty years."

➡ 「この場で保証はできかねるが、もしきみが当事務所に参加し、最初の10年を死に物ぐるいで働いてパートナーになり、さらに10年勤めあげて、45歳で百万長者になっていなければ、20年ではじめての例ということになるな」

　生徒の訳にまちがいがあるのは最後の部分です。

　ここでの partner は、法律事務所に所属する弁護士のなかで、出資者もしくはそれと同等の立場にある人のことです。出資弁護士などと訳すこともありますが、そのまま「パートナー」や「パートナー弁護士」でもかまいません。この立場にまだなっていない弁護士は associate と呼ばれます。

　問題は if 節と and の読み方です。生徒の訳文は、"if you join …, put in … and put in …" までで if 節が終わると見なし、そのあとの and 以下を主節と考えて、if 節がそこにかかるという読み方をしているようですが、そもそも if 節のあとの主節は

If it rains tomorrow, I will stay home.

262

のように、and などはつきません。この生徒はここで読み
ちがえたあと、つぎのカンマのあとには接続詞がないのに
「どころではなく」と訳したり、first を「トップ」と訳した
り、強引につじつまを合わせようとして、どんどん原文から
離れていったようです。

　ここで正しいのは、２番目の and のあとまで if 節がつづ
いていると見る読み方で、つぎのカンマのあとの you'll be
からが主節です。if 節のなかが "A, B and C, and D," となり、
一見バランスが悪くて奇妙な感じがするかもしれません。し
かし、ここは A から C までが同種の情報で、それをまとめ
て受けて D がつづくのですから、形としては "[A, B and C],
and [D]," という並び方になるわけで、and の使い方はまっ
たく不自然ではありません。
　したがって、ここまでの意味は、「きみが事務所にはいり、
10年働き、さらに10年勤め、そして45歳でまだ百万長者に
なっていなかったら」です。そして、そのような事態が訪れ
たら、それは20年間で最初（first）の、百万長者にならな
かった例となる、とこの上司は言っています。20代半ばの人
間がこの事務所に20年勤続すれば、ひとり残らず年収百万ド
ル以上になるということです。

　おそらくここは、音読されるのを聞いていたら、切れ目が
よくわかるので、誤解しづらいところでしょう。しかし、**字
面だけの情報で判断しなくてはいけないことも現実にはよく**

263

▼訳例と解説

あります。結局のところ、そういうときに頼りになるのは、
文法のルールどおりに読む姿勢です。

問題

PART D 活用編

D-08 誤読すると正反対の意味になりかねない英文です。

Some people argue that they can see many famous paintings in their native countries rather than in traveling exhibitions these days.

265

▼訳例と解説

D-08 Some people argue that they can see many famous paintings in their native countries rather than in traveling exhibitions these days.

➡近ごろは、巡回の展覧会で著名な絵を見なくても、その絵の生まれた国へ行って多くを見ることができる、と主張する人たちがいる。

誤訳例として多いのはつぎのようなものです。どこがまちがっているのか、読み比べてみてください。

近ごろは海外の展覧会を見に行くより、自分が生まれ育った国で有名な絵をたくさん見ることができると論じる人が何人かいる。

問題は「their が何を指しているか」と「traveling exhibitions の意味をどうとらえるか」の2点です。

まず、their native countries の their は、これだけ取り出してみれば、some people を指しているとも、many famous paintings を指しているとも考えることができます。この時点では、どちらか一方と決められません。

しかし、後半の traveling exhibition は一種の決まり文句で、美術品が世界各国をまわっていくことを指し、通常は「巡回

266

展覧会」と訳します。つまり、travel するのは人間ではなく展覧会（絵そのもの）です。

A-54にもあるとおり、… ing の形のあとに名詞が来る場合には、大きくふたつが考えられます。例をあげましょう。

walking stick（歩行用の杖）
walking dictionary（「歩く辞書」つまり、生き字引）

上の例は a stick for walking と書き換えることができ、この walking は名詞の働きをしている動名詞です。一方、下の例では、たとえではありますが、辞書が歩くわけで、walking は dictionary にかかる形容詞の働きをしている分詞です。

ここであらためて traveling exhibitions について考えましょう。traveling を動名詞と見て exhibitions for traveling と書き換えると、「旅行用の展覧会」となりますが、これは意味が通じそうで通じません。そのような意味にしたければ exhibitions for travelers のほうが自然な形です。

一方、分詞と見れば「旅する展覧会」「巡回展覧会」となり、展覧会自体が世界各国をまわるようなケースを表すことができます。

そして、後半がそういう意味だとしたら、前半は当然、巡回の反対の意味になるはずですから、絵が海外をまわらずに、保管されている国（たいていの場合、描かれた国、つまり「生まれた」国）から動かないケースについて書かれていま

▼訳例と解説

す。だから、their が指すのもやはり「彼ら」ではなく絵ということになります。

　なお、A rather than B をつねに機械的に「B よりもむしろ A」と訳す人がいますが、この表現はどちらかと言うとA instead of B に近く、「B ではなく A」のほうがニュアンスが近いと考えたほうがいいでしょう。

問題

PART D 活用編

D-09 ある宗教家の講演の一部です。特に後半の２文で誤訳が多く見られます。

Yesterday I was asked what I thought about a man who identifies himself as the reincarnation of Jesus. My response was to honour his awareness as heartfelt truth. Indeed, are we all not invited to embody Christ Consciousness. Is this not worthy of great celebration!

▼訳例と解説

D-09 Yesterday I was asked what I thought about a man who identifies himself as the reincarnation of Jesus. My response was to honour his awareness as heart-felt truth. Indeed, are we all not invited to embody Christ Consciousness. Is this not worthy of great celebration!

➡昨日、自分がイエスの生まれ変わりだと言い張る男性についてどう思うかという質問を受けました。わたしは、心で感じた真実として、その人の気づきを尊重すると答えました。実のところ、わたしたちのだれもがキリスト意識の体現へといざなわれているのではないでしょうか。これは大いなる祝福に値することではありませんか？

　誤訳例のほとんどは、後半の２文を「実のところ、わたしたちの全員がキリスト意識を具現化するようには求められていません。それは大いなる祝福に値することではないのです！」のようにしています。つまり、２文ともをただの否定文と見なし、倒置が起こっていることを無視しています。

　しかし、ここは２文とも否定疑問文の最後の疑問符が落ちた形で、だからこそ語順が入れ替わっているのです。否定疑問文としてはなんの変哲もない形ですが、**記号がひとつ落ちただけで多くの人が意味を正反対にとってしまうようです。**

270

問題

D-10 ちょっといびつな形の英文ですが、まちがってはいません。なんとなくだいたい、ではなく、正確に読みとってください。

First of all, would you please share your recommendation on a not–totally–essential–but–still–really–useful kitchen tool or machine, or a gadget?

▼訳例と解説

> **D-10** First of all, would you please share your recommendation on a not–totally–essential–but–still–really–useful kitchen tool or machine, or a gadget?
>
> ➡最初に、必需品ではないけれどとても役に立つキッチンの小道具や機器、いわゆる「ガジェット」で、お薦めのものがあったら教えてくださいますか。

　問題は最後の kitchen tool or machine, or a gadget ですが、３つのものを対等に並べるならば、a kitchen tool, machine, or gadget などと書くべきです。しかし、ここはそういう構造ではありません。

　少し前を見ると、長い形容句の前に a がついているのがわかります。このことやカンマの位置から考えて、ここはふたつの or がちがう働きをしていると読むべきです。前の or は「tool または machine」と並べているのに対し、**あとの or はそこまでのすべてをまとめて gadget という１語に置き換えるための同格の接続詞（意味は「すなわち」）です。**ここは少しわかりにくいぐらいが訳語としてちょうどよいので、gadget はそのまま「ガジェット」にしました。

272

問題

D-11 ３番目の文が非常にむずかしいです。正しく読みとれるでしょうか。

Many of us know elderly men and women who no longer act as we have come to expect them to act. I am not talking here about victims of senile dementia. In the examples I am thinking of the person continues to behave in what most people would agree is a normal manner, but one so remote from his old self that he appears, to those who know him, to be someone else entirely.

▼訳例と解説

D-11 Many of us know elderly men and women who no longer act as we have come to expect them to act. I am not talking here about victims of senile dementia. In the examples I am thinking of the person continues to behave in what most people would agree is a normal manner, but one so remote from his old self that he appears, to those who know him, to be someone else entirely.

➡わたしたちの多くは、こちらが予想するとおりの行動をとらなくなってしまった年配の人たちを知っている。老人性の認知症の話ではない。わたしがここで考えている例では、その人はたいていの人ならまともだと認めるようにふるまってはいるが、かつてのその人のふるまい方とはかけ離れているため、知り合いの目から見るとすっかり別人のように感じられる。

わたしが予備校講師だったころの大学入試で、英文和訳の問題として出題されたものです。20年以上前のものですが、難問であると同時に文法の重要事項がいくつも含まれているため、いまでも問題集や解説書などでこの英文をよく見かけます。

1番目、2番目の文は、特に問題はないでしょう。elderly

は old をていねいに言っただけで、かならずしも「初老」というわけではありません。ただ、この文章の後半の内容から考えて、いわゆる「老人」よりも広い範囲、やや若い人たちも含めて指しているのはたしかです。men and women は公平を期してこう表現しているだけで、男女を分けて書くことに特に意味はありません。

senile dementia は、いわば完全に「ぼけて」しまった状態で、ここではその話をしているのではない、と言っています。

さて、3番目の文ですが、多くの人がまず

In the examples(,) I am thinking of ...

のように、カンマを頭のなかで補って、「その例では、わたしは……と考える」と予想しながら読んでいったと思います。
その読み方は、ここまで例がいくつも出てきたわけではないのに、example に the がついて複数形になっていることを考えると変なのですが、この時点で気づかなかったとしてもしかたがありません。ただ、もう少し読み進めて、

In the examples(,) I am thinking of the person continues ...

まで読んだところで、おかしいことに気づかなくてはいけません。ここで、person と continues のあいだに who があ

275

▼訳例と解説

れば英文として成り立ちますが、通常、主格の関係代名詞は
省略できません。あるいは、of の位置に接続詞の that（that
は省略可）があればよいのですが、なんの理由もなく that
が of に変わったと考えるのはあまりにも強引です。

　このような場合に、無理やり先へ進んで適当につじつまを
合わせようとするのではなく、B-01などにも書いた

　　誤読→違和感→修正

という「敗者復活のプロセス」を進んで採り入れましょう。
これは、外国人であるわれわれにとっては恥ずかしいことで
もなんでもありません。**止まるべきところではゆっくり止ま
り、何かの理由で誤読したのではないかと探りましょう。**

　ここでは、continues に対する主語は the person しかあり
えません。だとしたら、ここまでの部分で考えうる読み方は
ただひとつです。それは

In the examples [that] I am thinking of(,) the person continues ...

と読むことです。日本語にすれば、「わたしが考えている
例では、その人は〜しつづけ……」という意味になりますね。
ここを "I am thinking of the person ..." と読んだまま、無理
やり筋を通した日本語を作ることも可能かもしれませんが、
それでは英文を正しく読めたことにはなりません。

さて、その後の what 以下の部分は、

what (most people would agree) is a normal manner

のようにカッコでくくって読むしかありません。what most people would agree を主語、is を動詞と見なす読み方は、その前の前置詞 in に説明がつきませんし、そもそもそのような構文なら agree のあとに with か何かがついているべきです。

ここまでの意味は「わたしが考えている例では、その人はたいていの人が正常と見なすであろうふるまい方をする」となります。

では、つぎの "but one so remote …" の one は何を指しているのでしょうか。直前の "what … is a normal manner" が事実上 manner（ふるまい方）のことを言い表しているので、この one も manner の言い換えであると考えるのが妥当です。したがって、最後までの意味の流れは「ほとんどの人が正常だと同意するふるまい方だが、〜にはあまりにも遠いふるまい方」となります。

その後は "so … that …" の形になっているので、「昔の本人のふるまい方からあまりにも遠すぎて、知り合いにとって別人に見える」というのが大筋です。

277

▼訳例と解説

　少し年上の人で、この英文のような実例をわたしも知っています。それを言うなら、自分自身がいつこうならないとも言えませんし、そうなっても自分では気づかないのでしょうけれど。

問題

PART D 活用編

D-12 わたしは背中に障碍を持つ男で、マークは健康な若者です。後半を半数以上の生徒が誤訳しました。

My skin crawled at the thought of Mark's eyes on my back, his pity and perhaps disgust, for why should someone formed as he was not feel disgust?

▼訳例と解説

> **D-12** My skin crawled at the thought of Mark's eyes on my back, his pity and perhaps disgust, for why should someone formed as he was not feel disgust?
>
> ➡マークがこの背中を見ると考えただけで鳥肌が立った。わたしを憐れみ、あるいは不快に思うかもしれない。マークのような体に生まれついた者が不快に思わぬはずがあるまい？

　問題になるのは、後半の for 以下です。「いったいどうして自分のように不快にならないように形作られなかったのか」や「こんなふうに見られて、なぜ他の人は平気でいられるのだろう」など、さまざまな誤訳が見られました。

　この for は判断の根拠を表す等位接続詞で、上の例では疑問文がつづいています。ふつう、「というのも」などと訳しますが、ここは単に文を切るだけでよいでしょう。

　そのあとを "he was not feel …" とつなげて読むのは無茶な読み方です。ここは "why should / someone formed as he was / not feel disgust?" のように切れば、「彼のような体の男が不快に思わないはずがあろうか、いやない」という反語の形の疑問文だとわかります。he was のあとの formed が省略されている、と言うこともできます。

280

問題

PART D 活用編

D-13 独立直後のアメリカ各州の領土をめぐる論争についての文章です。下に載せたある生徒の訳例は、どこを修正すべきでしょうか。うまい翻訳かどうかはともかく、原文の意味を正確に伝えられているかどうかを考えてください。

After the seven states won their independence from Britain, Virginia claimed by far the largest portion of the western wilderness. The other states doubted whether a confederacy in which territory was so unevenly apportioned would truly prove what it claimed to be, a union of equals.

▼

ある生徒の訳文

７つの州がイギリスからの独立を勝ち取ったあと、バージニアは西部の荒れた土地で明らかに最大の領域を要求した。他の州は、その領域をかなり不平等に割りあてられた同盟が、自らが主張する平等な連合たる姿勢を本当に証明するのかどうかを疑った。

281

▼訳例と解説

D-13 After the seven states won their independence from Britain, Virginia claimed by far the largest portion of the western wilderness. The other states doubted whether a confederacy in which territory was so unevenly apportioned would truly prove what it claimed to be, a union of equals.

➡ 7つの州がイギリスから独立したあと、ヴァージニアは西方の原野のうち、際立って多くの部分を要求した。残りの州は、各州に割りあてられる土地がそこまで不均衡になっては、連邦の本来の姿、つまり対等なものの連合体というあり方を実現できないのではないかと疑問を投げかけた。

　生徒の訳文を細かく見ていきます。1文目に大きなまちがいはありませんが、by far は「他と比較して格段に」「図抜けて」という意味なので、「判断が正しい」という意味の「明らかに」では微妙にずれています。

　また、「西部」というと、どうしてもカリフォルニアなど太平洋岸を想像しますが（この生徒もそういうつもりで使ったのかもしれません）、この western が表しているのは独立当時の13州から見た西側の内陸部で、いまは「中西部」と呼ばれている地域です。そんなことを考慮して、わたしの訳例

282

では、ここは「西方」としています。

　wilderness を「荒れた土地」と訳すのも、まちがいではないものの、ちょっと乱暴です。ここでの wilderness は、文字どおり土が荒れていたかどうかではなく、未開の地という意味で使われているはずです。

　２文目では、confederacy の訳語を「同盟」とするのは、この時代の歴史的背景にそぐいません。「連邦」が最適でしょう。

　so unevenly を「かなり不平等」とするのも雑な訳です。ここでの so には「そのように」つまり「前文のように」という含みがあります。

　最も誤訳が多かったのは最後の部分で、この生徒も英文の構造がわかっていないようです。ここは、what it claimed to be と a union of equals のあいだに同格の関係が成り立っています。what it claimed to be は、日本語にしづらいですが、「それ（＝confederacy）が主張する、本来あるべき姿」のような意味です。a union of equals もわかりにくいでしょうけれど、この equal は名詞で「対等なもの」。union は「組合」などの意味もありますが、もともとの意味は「ふたつ以上のものが unite されてひとつにまとまったもの」です。したがって、ここは、「連邦のあるべき姿」すなわち「対等なもの（州）が結びついたもの（集合体）」である、というふ

▼訳例と解説

うに読んで、なるべくそれを忠実に訳文に反映させなくては
なりません。

　つぎに、prove は第2文型（SVC）の文を作る動詞ですか
ら、ここでは「証明する」という訳語は適切ではなく、日本
語で言えば「〜であると判明する、わかる」などが該当しま
す。大きな流れとしては、whether 以下は a confederacy
would prove what it claim to be ですから、「連邦が、その
本来あるべき姿として成り立つのがわかる」という感じの訳
文ができるでしょう。

　そして、doubted whether については、「かどうかを疑っ
た」という訳ではわかりにくいですね。要は whether 以下
について、"Would a confederacy truly prove ...?" と疑った
のですから、日本語としては否定に近いニュアンスになりま
すが、生徒訳からはそれが伝わりません。

　　正しく英文を読みとっていくには、大筋をつかむ力と、細
部に注意を怠らない繊細さの両方が必要。

284

問題

D-14　英文全体の構造をしっかりつかむようにつとめてください。

Scholars often debate the significance of the Protestant Reformation, the rise of the bourgeoisie, and the opening of trade routes in the great metamorphosis that occurred at that time.

▼訳例と解説

> D-14 Scholars often debate the significance of the Prot-
> estant Reformation, the rise of the bourgeoisie, and
> the opening of trade routes in the great metamor-
> phosis that occurred at that time.
>
> ➡学者たちはしばしば、宗教改革とブルジョア
> ジーの台頭と新航路の発見とが当時の大変動にお
> いてどの程度重要だったかについて論じる。

　この英文で重要なのは、どの部分とどの部分が and によっ
て並列されているかを正しく読みとれているかどうかです。
見かけの印象だけから言えば、of の位置や長さのバランス
などを考慮して、the significance of the Protestant Refor-
mation と the rise of the bourgeoisie と the opening of trade
routes の 3 つが並んでいると感じられるかもしれません。
それを受けて、この個所をつぎのように訳す人がとても多く
います。

**宗教改革の重要性、ブルジョワ階級の台頭、その当時に起
こった偉大な変革である交易路の開通について、学者たちは
よく議論する。**

　しかし、「重要性」と「台頭」と「開通」では、最初の
「重要性」だけが抽象的な概念で、残りのふたつは具体的な

286

歴史上の出来事を表すことばですから、意味のうえで３つが対等に並ばないことがわかります。

また、「その当時に起こった偉大な変革」であるのは、交易路の開通だけでしょうか。３つともそうなのではないか、という疑問も浮かんできます。

正しいのは、ここを "the significance of A, B, and C in ..." ととらえ、つぎのように読むことです。

the significance of
- the Protestant Reformation
- the rise of the bourgeoisie
- (and) the opening of trade routes

  in the great metamorphosis that occured at that time

つまり、「〜における、ＡとＢとＣ（という３つの出来事）の重要性」と解釈することです。前ページのように、the significance of the Protestant Reformation をひとくくりにした訳文や、in the great metamorphosis が the opening of trade routes だけを修飾していると考えた訳文が多く見られますが、この種の誤読を防ぐには、**やはり３か条の①に従って、形と意味の両方から攻めていくしかありません。**

最後に、訳出のテクニックとして、いかにも堅苦しい「〜における……の重要性」を「……が〜において重要であること」のような主述の関係に噛み砕いて読みやすくすることと、

287

「AとBとCと」のように最後にも「と」を入れて三者の並列関係を明確にすることをあげておきます。B-02でも同様の工夫をしました。

問題

PART D 活用編

D-15 新聞記事の見出しです。どのような意味でしょうか。

Sydney Harbor Bridge turns 80

289

▼訳例と解説

D-15 Sydney Harbor Bridge turns 80

➡シドニー・ハーバー・ブリッジが80歳に

このような turn の使い方に慣れていない人はかなり多いようです。この文は第2文型（SVC）で、turn は become などと似た意味になります。特に年齢を表すときは turn がいちばんよく用いられます。

つまり、この英文は、「橋が造られて80年経った」という意味です。新聞記事なので、動詞は現在形になっています。

恥ずかしい話ですが、わたし自身が翻訳の修業時代にこの turn でとんでもない誤訳をしたことがあります。ある小説で、段落の最初になんの前置きもなく

He turned 40 in the boat.

という文が出てきたとき、反射的に「彼は船のなかで40度向きを変えた」と訳したのです。いま考えれば珍妙な誤訳で、まだ修業中のことでよかったと思います。もちろん、正しい意味は「船のなかで40歳になった」です。

290

問題

PART D 活用編

D-16 日本語にしづらい文なので、訳文は作らなくてもかまいませんが、どのような場面なのかを正確に頭に描いてみてください。

> She moved up the last flight of stairs, and knocked at one of the three doors on the landing.

291

▼訳例と解説

D-16 She moved up the last flight of stairs, and knocked at one of the three doors on the landing.

➡彼女は階段の最後の部分をのぼりきり、そこに並ぶ3つのドアのひとつをノックした。

ポイントは flight と landing という、ふたつの単語の意味です。まず flight は、辞書を見ると「階と階、または階と踊り場のあいだのひとつづきの階段」などとあります。たとえば、目的地が4階なら、3階と4階のあいだ、またはその途中の踊り場からのひとまとまりの部分を指すということです。これを最後の「1段」と勘ちがいする人が少なからずいます。

landing については、辞書に「踊り場」という訳語しか出ていない場合があるのですが、要注意です。踊り場というのは、階と階の中間にある平らな部分です。そこにドアが3つ並んでいるというのは、ちょっと考えにくいですね。landing は要するに land（着地）する場所のことですから、踊り場とはかぎらず、各階にのぼりきった部分を指すこともあります。訳語としては「階上」や「廊下」などが考えられますが、単に「階段をのぼりきり」と言うだけでもじゅうぶんです。

問題

PART D 活用編

D-17 下にある生徒の訳例を載せます。まちがいや改善すべき点をいくつか探してください。

The diaries written by men and women on the westward journey across the United States have certain characteristics, with men writing of fight, conflict and competition, and hunting, and women writing of their concerns with family and relational values. It is not true, as some have concluded, that the diaries of men and women are essentially alike.

▼

ある生徒の訳文

アメリカの西部への旅で書かれた日記にはある特徴が見られる。男性は喧嘩、紛争や競争、狩りについて書き、女性は家族や相対的な価値観への関心について書いている。一部の人が結論付けているとおり、男性と女性の日記は本質的に似ているというのは正しくない。

293

▼訳例と解説

D-17　The diaries written by men and women on the westward journey across the United States have certain characteristics, with men writing of fight, conflict and competition, and hunting, and women writing of their concerns with family and relational values. It is not true, as some have concluded, that the diaries of men and women are essentially alike.

➡アメリカを西へ横断した男女の日記には、それぞれに特徴がある。男性が闘いやもめごとや競争、さらには狩猟について記述したのに対し、女性は家族や人間関係にまつわることを書き記した。男女の日記はほとんど同じだったという説を唱える者もいるが、これは正しくない。

　この問題でも、生徒の訳例について細かく指摘していきます。

　1文目は、D-11のように公正を期すために men と women と言っているのではなく、このあとで男女のちがいを論じることにつながっていきます。生徒の訳では「男女」が訳されていませんが、2文目に男性と女性が登場することを考えると、この省略は問題ないでしょう。

294

それよりもむしろ気になるのは、fight, conflict and competition, and hunting の訳し方です。ここでは４つのものが並べられているのですが、単純に４つ並べられているわけではありません。

fight, conflict and competition

　までの３つが似たような意味で、それらに加える形でhunting が４つ目の例としてあげられているのです。だからこそ、

[fight, conflict and competition], and hunting

　のように、２個目の and が使われているわけです。
　訳例にある「喧嘩、紛争や競争、狩り」は、読点と「や」の位置が、原文のカンマと and の位置に完全に対応していて、一見正確な訳に思えるかもしれませんが、この日本語を見ると「"喧嘩、紛争" や "競争、狩り"」のように、ふたつずつに分けて読みたくなってしまうのではないでしょうか。４つのものの並び方について自覚したうえでそう訳したのならかまわないのですが、こういう訳文を作る人は、おそらく何も考えずに機械的に並べているだけでしょう。**これは日本語と英語のほんとうに微妙な差異ですが、もっと大きな誤読の原因になる場合があります。**

　つぎに、relational が「相対的な」と訳されていますが、

295

▼訳例と解説

いかにも訳文から浮いていますね。この relational は人間関係、もしくは親族にまつわるものという意味で、だからこそ family のあとにあります。

　最後の文では、as some have concluded の読み方が問題です。「一部の人が結論付けた」のは、「正しい」ことでしょうか、それとも、「似ている」ことでしょうか。関係詞の as は「前または後ろにある文や節」を先行詞とするので、このように文の真ん中にあると迷いますが、"it is ... that ..." のように仮主語が前に出た形では、as は that 節以下を受けるのがルールです。文脈から言っても、そのほうが筋が通りますね。生徒の訳は、結果として、そこが逆の意味にとれる形になっています。

問題

D-18　次期ローマ教皇を決める総選挙（コンクラーベ）を控えたヴァチカンで、有力候補とされる枢機卿が言ったことばです。下の生徒の訳のどこがまちがっているでしょうか。

"I have no personal ambitions ... only concerned about my Church, Saint Peter's Church."

▼

ある生徒の訳文

「わたしに個人的野心はない……自分の教会、サン・ピエトロ大寺院が心配なだけだ」

▼訳例と解説

D-18 "I have no personal ambitions ... only concerned about my Church, Saint Peter's Church."

⇒「わたしには個人的な野心はないよ。わがカトリック教会、聖ペテロの教会が心配なだけだ」

　問題があるのは最後の my Church, Saint Peter's Church です。

　まず、2番目はともかく、1番目の Church はなぜ大文字ではじまっているのでしょうか。church には「教会」という訳語をあてるのがふつうですが、そもそも「教会」ということばには、建物としての教会と、組織としての教会のふたつの意味があります。どちらも英語では church ですが、混乱を避けるために、前者を「教会堂」や「聖堂」と訳す場合もあります。

　さて、もし建物について言っているなら、1番目の church を大文字ではじめる理由がありません。ここでは、自分が所属している教会組織、つまりカトリック教会のことを言っており、大文字ではじめているのは自分にとって特別な存在である組織への敬意の表れです。

　つぎに、Saint Peter's Church はどうでしょうか。ヴァチカンが舞台なので、サン・ピエトロ大寺院（大聖堂）のことだと思いたくなるのもわかりますが、その意味の場合は Saint Peter's Basilica と呼ぶのがふつうです。

ここは my Church の直後に同格の形で言っているので、やはり建物ではなく組織を指していると考えるべきです。だとしたら、Saint Peter's は本来の意味、つまり「聖ペテロの」です。カトリック教会は、十二使徒のひとりだった聖ペテロを初代ローマ教皇と見なしており、サン・ピエトロ大聖堂はその聖ペテロを祀っています。

　したがって、Saint Peter's Church は「聖ペテロの（はじめた）教会」であり、そう読めば、my Church（わがカトリック教会）と意味のうえで完全な同格になります。

　これは、ヴァチカンにはサン・ピエトロ大聖堂があるという知識が正しい読みの邪魔をしてしまったケースかもしれません。すでにお気づきの人もいるでしょうが、この英文はダン・ブラウンの『天使と悪魔』の一節を改変したものです。

学習相談 Q & A　*part 8*

Q. なかなか英語の発音がよくならないのですが……。

わたしだって発音がよくありません。もちろん、よいに越したことはないでしょうけれど、この歳になって大きく変わるとは思えないので、いまの状態を受け入れています。

いわゆる英語圏のネイティブを除けば、ラテン系やアフリカ系や東南アジア系など、皆それぞれに少し癖のある英語を話しています。**われわれの話す英語が日本人っぽいものになるのは当然のことです。**

ただ、少々発音がちがっても（たとえば L と R がうまく使い分けられなくても）ほとんどの場合に通じますが、アクセントがちがうと通じないことが多いため、**アクセントはしっかり覚えたほうがいいです。**

何にせよ、瑣末なことを気にせずに、楽しくやるのがいちばんですね。20代のころ、しばらく英会話学校にかよっていたのですが、そこになかなかセクシーな Laura という女の先生がいました。Laura はよく、L と R のちがいを練習したかったら自分の名前を 1 日に100回呼んでみて、と言ってにっこりしていたものです。Laura は数か月で帰国してしまいましたが、もっと長くいてくれたら、わたしの発音はもう少しよくなっていたかもしれません。

問題

PART D 活用編

D-19 契約書の一節です。慣れない人には読みづらい文章なので、生徒の訳例を参考にしてください。決定的な誤訳がひとつあるのですが、どこでしょうか。

The obligations under this article shall not apply to any information which becomes available to the public through no breach of this agreement by the receiving party or the breach of the corresponding obligations by affiliate companies.

▼

ある生徒の訳文

本条における義務は、受領当事者の本契約違反、および関連会社の本契約によって生じた義務違反がなく、公の知るところになった情報には適用されない。

301

▼訳例と解説

D-19 The obligations under this article shall not apply to any information which becomes available to the public through no breach of this agreement by the receiving party or the breach of the corresponding obligations by affiliate companies.

➡本項での義務は、受領当事者が本契約に違反せずに公知となった情報、関係会社が相応の義務に違反したために公知となった情報のいずれにも適用されない。

　契約書の文章というのは、慣れないと読みづらいですね。わたしは小説や文学的文章を読むことがほとんどなので、正直なところ苦手です。数学がらみの文章などと同じで、誤読・誤訳をしたときの被害が非常に大きな規模になりかねないため、仕事でこういう文章を扱っていらっしゃる人はほんとうに大変だと思います。

　A-19でも少しふれましたが、法律文書や契約書では、shall が非常によく使われます。このような場合の shall は話者の意志ではなく、「**絶対者（神や法律）の意志**」や「**けっして避けられない運命**」などを表しています。既定の事実を厳然と堅苦しく述べる法律文書や契約書にはぴったりの表現だと言えるでしょう。問題の英文でもその shall が使われて

302

います。

　さて、ここでの誤訳は否定がらみのものです。この文を大ざっぱに図解すると、

The obligations under this article shall not apply to
　　　S　　　　　　　　　　　　　　　　　　　V
　　　　　any information which becomes available to the public
　　　　　　　　┌ no breach of...
　　through or
　　　　　　　　└ the breach of...

のようになります。後半の through 以下が "no breach of ... or the breach of ..." という形になっていることに注意してください。and ではなく or で並べられているのは、1 行目の shall not apply の部分が否定で、その意味合いがここまで効いているからです。つまり、全体の大きな流れとしては、「A によるものにも B によるものにも適用されない」ということになります。**否定の意味がどこまで範囲を及ぼしているか、つねに意識しましょう。**

　or によって並べられているのは "no breach of ..." と "the breach of ..." ですから、ここの大筋は「～が違反しなかった場合と、～が違反した場合のいずれにも適用されない」ということです。わたしの訳例はそれを踏まえたものにしてあります。

303

▼訳例と解説

　生徒の訳では「両者ともに違反しなかった」としていますが、そのような誤読をする気持ちはわかります。というのも、仮に2番目の breach の前の the がなければ、"no breach of ... or breach of ..." となるわけで、どちらも違反しないケースを想定していることになるからです。もっとも、その場合はまぎらわしさを回避するために、or のあとにもう一度 no を入れる気がしますが、なくてまちがいということはありません。

　the がひとつはいるか、はいらないかで、後半の意味が逆転してしまうという珍しい例でした。

問題

PART D 活用編

D-20 絵を描くとどのようなものになるでしょうか。それ
を意識して訳してください。

When a bamboo is split, the smaller pieces remain
straight and smooth.

▼訳例と解説

> D-20 When a bamboo is split, the smaller pieces remain straight and smooth.
>
> ➡竹を割っても、小さく分かれたそれぞれの破片は、まっすぐでなめらかなままだ。

　特に問題はなさそうな文ですが、smaller pieces の比較級を見落として、単に「小さな」と訳す人がずいぶんいます。

　また、比較級の意味をよく考えずに「（ふたつあるうちの）小さいほうの破片」と解釈する人がいますが、それでは pieces が複数形であることを説明できませんし、小さいほうだけがまっすぐである理由もわかりません。ここでの比較級の意味は「以前より小さくなった」しか考えられません。
　比較にまつわる誤訳の多くは、何と何が比べられているのかをよく考えていないことが原因です。

問題

PART D 活用編

D-21　ニューヨークを舞台とした小説の一節です。正確に読めて訳せた人は3分の1もいませんでした。

In the predawn dark, the light, preemptive traffic on the highway could barely be heard under this oak tree.

▼訳例と解説

D-21 In the predawn dark, the light, preemptive traffic on the highway could barely be heard under this oak tree.

➡夜明けの薄闇のなか、このナラの木の下にいると、朝一番に走る数少ない車の音がハイウェイからかすかに聞こえてきた。

　前半の構文を取りちがえた人や、何がなんだかわからなかったという人がずいぶんいます。

　dark のあとに the light とつづくせいで、ここを「明かり」という意味にとってしまう人が少なくありません。しかし、この文は the light, preemptive traffic が主語で、light も preemptive も形容詞です。light は「軽い」の意味で、traffic にかかるのですから、交通量が少ないことを指しています。

　preemptive は金融関係で多く使うことばで、「先買の」「先制の」といった訳語があてられることが多く、ここではわかりにくいのですが、夜明けなので「ほかの人より早くやってきた」という意味合いです。前の predawn と対にして軽く韻を踏ませているのかもしれませんし、ひょっとしたら、ここはニューヨークなので、「早朝から働いて他を圧倒しようとしているビジネスマンの車」というニュアンスをこ

308

めているのかもしれません。

　最後の oak tree ですが、これはどのように訳すべきでしょうか。oak は「カシ」と訳す人が多いのですが、たいていの場合、それは誤訳です。ただし、「たいてい」としか言えないのがこの語のむずかしいところで、われわれ翻訳者はいつもこの語に悩まされています。

　oak を辞書で引くと、たとえば「ブナ科ナラ属 Quercus の木の総称」（『ランダムハウス英和大辞典』）や、「ブナ科コナラ属（Quercus）の落葉樹・常緑樹の総称だが、典型的には落葉樹のナラ類をいう」（『ジーニアス英和大辞典』）などと出ています。「カシ」という訳語が載っている辞書もありますが、ここで大事なのは、カシの仲間は常緑樹で、ナラの仲間は落葉樹だということです（いくつか例外もあります）。『ジーニアス』の最後に「典型的には落葉樹のナラ類をいう」とあるとおり、単に oak と言った場合は落葉樹のナラを指していることが多く、常緑樹の場合は live oak または evergreen oak というのがふつうです。

　いちばん安全なのは、どんな場合もカタカナで「オーク」としてしまうことで、最近はそういう処理をする翻訳者も増えています。ただ、「カシ」や「ナラ」、あるいは漢字で「樫」や「楢」と書いたほうが趣があるのはたしかで、それもやはり捨てがたいところです。わたし自身は、『ランダムハウス』にもあるとおり、oak は「ナラ属の総称」（つまり、

309

▼訳例と解説

カシもそこに含まれる）なので、原則として「ナラ」と訳し、前後関係から明らかに常緑樹である場合のみ「カシ」と訳すことにしています。しかし、植物そのものを指していない場合、たとえば oak chair のように材質を指しているような場合には、あまりこだわらずに「オーク」と訳すことがあります。

　植物や動物の名前は、日本語とうまく１対１で対応しないことがよくあるので、注意する必要があります。危ないと感じたときは、辞書や百科事典、インターネットなどで確認してください。

問題

PART D 活用編

D-22 グルメとして知られるフランスの名探偵、メグレ警視についての説明です。1文目のほうがわかりにくいと感じるかもしれませんが、ほんとうにむずかしいのは、実は2文目です。

Inspector Maigret shares distinction with Holmes and American sleuth Nero Wolfe of having had a collection of his favorite dishes issued as a separate work. Created by the prolific Belgian-born writer, Georges Simenon, who was something of a gourmet himself, Maigret always has to exercise restraint to keep his weight down.

▼訳例と解説

D-22 Inspector Maigret shares distinction with Holmes and American sleuth Nero Wolfe of having had a collection of his favorite dishes issued as a separate work. Created by the prolific Belgian–born writer, Georges Simenon, who was something of a gourmet himself, Maigret always has to exercise restraint to keep his weight down.

➡ メグレ警視のお気に入りの手料理はレシピ集として出版されているが、このような例はほかにホームズとアメリカの探偵ネロ・ウルフしかない。生みの親であるベルギー生まれの量産作家、ジョルジュ・シムノンがなかなかの美食家であったせいか、メグレは体重維持のためにつねに節食を心がけざるをえない。

1文目の shares distinction with のところは、distinction（区別、ほかとのちがい、特徴）を with 以下のふたりと共有するということなので、メグレ、ホームズ、ネロ・ウルフの3人だけが of 以下の特徴を持っているというのが全体の趣旨になります。ここを強引に「メグレはホームズやネロ・ウルフとはちがって」などと読んだ誤訳例をよく見ます。

of 以下は、小説の登場人物なのに、好きな料理のコレクションが1冊の本になって刊行されているということです。

312

２文目は、表面的にはけっしてむずかしくありません。exercise restraint の後に keep his weight down とつづくため、「激しく運動する」と読みちがえる人がいますが、restraint は「自制」、exercise は「〜を働かせる」であって、運動とは無関係です。

問題は分詞構文の働き方です。過去分詞の Created ではじまり、中盤の Maigret を主語とするこの文は、明らかに分詞構文の形をとっています。**分詞構文というのは、時を表すのか理由を表すのか、あるいはその他なのかがはっきりしない場合が多く、かならずしもどれかひとつに限定できるわけではありません。**一方、前半と後半のあいだに明らかな同時性や因果関係が読みとれる場合もあります（【PART A】第５章の最初の説明を参照）。

そこで、今回の英文について考えてみましょう。前半の「作者自身がなかなかの美食家であったこと」と、後半の「主人公のメグレがつねに節食を心がけざるをえないこと」のあいだには、因果関係があるでしょうか。みなさんはどちらだと思って読んだでしょうか。

これまで数百人の生徒に問いかけてきたところ、８割以上の人が「特に因果関係が感じられない」、あるいは、「あるとしても理由不明」と答えました。しかし、わたしは確実にあると思っています。わかりにくいかもしれませんが、これは書き手のちょっとしたユーモアです。

313

▼訳例と解説

　作者のシムノンは美食家だから、作品のなかにもおいしい料理を頻繁に登場させます。そのため、主人公のメグレは、否が応でもそういうカロリーの高い料理をしじゅう口にする羽目になり、節食を心がけざるをえなくなるのです。そういうやや強引なつながりを、この文章の書き手は半ば控えめに、半ばおもしろおかしく、分詞構文の形で表現しているのです。これを Because ではじめてしまっては、直接的すぎておもしろくありません。言ってみれば、わかる人だけわかればよいというスタンスですね。

　そのようなことを踏まえて、わたしの訳文はそこを「〜であったせいか」としてあります。あえてこのようなどっちつかずの表現にすることで、気づく人だけ気づけばよい、と開きなおったわけです。

問題

PART D 活用編

D-23 『ダ・ヴィンチ・コード』のパロディ本の一節です。主人公のラングドンならぬドングラン教授はアナグラム（文字の並べ替え）の専門家で、こんなことを口にしますが、ずいぶん頼りないようです。

> I am an annagrammotologist —— I decipher and study the codic possibilities of anagrams.

315

▼訳例と解説

D-23 I am an annagrammotologist —— I decipher and study the codic possibilities of anagrams.

➡わたしはア、アナモグラ、いや、アナグラモ学者ですから——アナグラムのいろんな暗号を解読、研究しているんです。

　まず、最初の I am an annagrammotologist を音読してみてください。舌がもつれて読めませんね。もちろん、ネイティブも同じです。もし訳すのなら、そんなことを踏まえて、思いっきり読みづらくばかばかしい訳文を作ってみてください。ちなみに、アナグラムは anagram なので、annagrammotologist というつづりは変ですし、そもそも anagramology（アナグラム学）などという学問は存在しません。

　後半の codic という単語も存在しませんが、これは、code（暗号）の形容詞形だと想像できます。

　ここまでは珍妙な英語が使われているので、翻訳を勉強中の人以外は無視してもかまいませんが、その後の possibilities が重要です。後半はほとんどの人が「アナグラムの暗号としての可能性を解読し、研究する」などと訳しますが、「可能性を解読する」ことなどできませんから、意味不明です。**意味に違和感を覚えたら辞書を引くんでしたね。**辞書を見ると、「可能性」のほかに、可算名詞（countable noun）として「実

316

行できる事柄、手段」などの訳語が載っていないでしょうか。

　少々わかりにくいため、具体例をあげます。わたしの訳書『解錠師』に、主人公の若者が番号式の南京錠をあける場面があるのですが、3桁の数字のそれぞれが0から9まで10通りあるので、並べ方は10の3乗、つまり1,000通りありうることになります。原文ではそれを thousand possibilities と表現しています。これを「1,000の可能性」と訳しても完全なまちがいではないでしょうが、「1,000通りの方法、答、選択肢」などと呼ぶほうがしっくりくるのではないでしょうか。

　つまり、codic possibilities というのは、アナグラムの暗号の答が何通りもあることを言い表しているのです。これにぴったり対応する名詞の訳語を思いつかなかったので、わたしの訳文では「アナグラムのいろんな暗号」としました。

学習相談 Q & A *part 9*

Q.TOEIC や英検などを受ける意味は？

翻訳者の立場で言えば、その種の試験の結果にはほとんど興味がないというのが本音です。TOEIC の満点や英検の1級をとったという人に、いざ翻訳をさせてみると、誤訳だらけでまったく使い物にならなかった例をいくつも知っています。TOEIC などの記号式の設問では、翻訳に必要とされる精度の高い読みができなくても、ほぼ正解が可能だからです。高得点者に優秀な人が多いのはたしかですが、**翻訳に求められるのはちがう能力であり、読者に対するさまざまな気配りや、調べ物を徹底してやる粘り強さなどのほうがはるかに重要**です。

もちろん、こういった試験に意味がないと言っているのではありません。人間は（わたし自身も含めて）意志の弱い生き物ですから、試験などを目標にしないかぎり、なかなか勉強のモチベーションがあがらないのは事実です。

ただ、**試験の得点や合否は最終目標ではなく、単なる通過点**です。そういう自覚がしっかりあれば、その種の試験に向けて勉強した経験は、当然ながら強力な武器になります。**重要なのは結果ではなく、それに向けてどんな準備をしたか**です。

問題

PART D 活用編

D-24 青春小説の一節です。語り手は15歳のごくふつうの
少年。全文を日本語にしてください。

I grabbed three hundred–dollar bills from my mother's wallet and shoved them into my pocket. "Just a few Bennies," I said under my breath, thinking it sounded cool.

319

▼訳例と解説

D-24 I grabbed three hundred–dollar bills from my mother's wallet and shoved them into my pocket. "Just a few Bennies," I said under my breath, thinking it sounded cool.

➡ぼくは母さんの財布から100ドル札を３枚抜き出して、ポケットに突っこんだ。「ベンジャミン・フランクリン３枚」と声をひそめて言い、かっこいい台詞だと思った。

　問題は Just a few Bennies の意味だけで、そこで珍答が続出します。benny や bennie を辞書で引くと、さまざまな意味が載っています。そのなかに「benzedrine の省略形」というのがあるため、興奮剤や麻薬のたぐいだと思って、その手の訳をつける人がずいぶん多いです。cool（かっこいい）に引きずられてのことでしょうが、あまりにも唐突です。

　しかし、大文字ではじまる Bennie や Benny は Benjamin の略称であることをご存じですね。そのことと、100ドル札を抜き出したことから、ピンとこないでしょうか。わからない人は実際に100ドル札を見てみてください。そこに載っているのはベンジャミン・フランクリンの肖像です。日本で言えば、「福澤さん３枚」のような言い方ですね。訳文は「ベニー３枚」では日本の読者が理解できないため、やや説明的にしてあります。

320

問題

PART D　活用編

D-25　ノーヒントです。意味を考えてください。

If she had not had it in for me, I would be much more successful. But now I'm in for it.

321

▼訳例と解説

D-25 If she had not had it in for me, I would be much more successful. But now I'm in for it.

➡彼女がぼくに恨みを持っていなかったら、いまごろぼくはずっと成功していただろう。でも、現実にはとんでもないことになっている。

　辞書で調べづらい熟語、言い換えれば誤訳が多い熟語の両横綱と言えるのは、have it in for と be in for it でしょう。どちらも４語と短いので、どの語を辞書で調べたらよいか見当がつきませんし、そもそも熟語に見えないかもしれません。しかも、どちらも意味を類推しづらい熟語です。

　have it in for 〜：〜に恨みを持つ
　be in for it：困った事態に陥っている

という意味なのですが、まずは理屈抜きで覚えたほうがいいでしょう。「学習相談 Q＆A」の Part 5 で紹介した辞書検索ソフトをお持ちのかたは、複合検索・条件検索などを使って４語を入れれば、熟語として識別できます。

問題

PART D 活用編

D-26 小説の一節です。ほとんどの生徒が誤読した個所が
あるのですが、どこだと思いますか。

> Her lively red hair rested loosely on top of her head,
> as if it had been hot and she wanted it up and away
> from her neck.

▼訳例と解説

D-26　Her lively red hair rested loosely on top of her head, as if it had been hot and she wanted it up and away from her neck.

➡彼女の鮮やかな赤毛は、まるで熱くて首から遠ざけたいかのように頭の上方でゆるやかにまとめられていた。

ほとんどの生徒がつぎのように訳していました。

　彼女の鮮やかな赤い髪は、頭の上でゆるやかにまとめられていた。暑いので、髪をあげて首から離しておきたいかのように。

　そう読みたくなる気持ちはわかりますが、ほんとうに暑かったのなら、as if や仮定法過去完了を使う理由がありません。ここは気温を表しているのではなく、文字どおり it が前半の主語の her lively red hair を受けています。そうすれば、2番目の it とも同じだということになり、すべてつじつまが合います。赤毛だからこそ熱い、というたとえだったわけですね。

問題

PART D 活用編

D-27 ある契約書の一節です。下に載せた生徒の訳文は、とてもわかりやすいのですが、決定的なミスをひとつ犯しています。どこでしょうか。

The agreement shall continue in force for a period of five years from the date it is made, and thereafter for successive five year terms, unless and until terminated by one year prior notice in writing by either party.

▼

ある生徒の訳文

本契約はその締結日より5年間有効とする。それ以降は、少なくとも有効期限の1年前までにどちらかが書面をもって通知しない限り、5年ごとに随時更新されていくものとする。

325

▼訳例と解説

D-27 The agreement shall continue in force for a period of five years from the date it is made, and thereafter for successive five year terms, unless and until terminated by one year prior notice in writing by either party.

➡ この契約は締結されてから 5 年間有効であり、それ以後は 5 年ごとに更新される。解約する場合は、両者の一方が 1 年前に書面で通知する必要がある。

　やや長い英文ですが、ふたつのカンマが打たれているので、大ざっぱに見て 3 つの部分に分かれていると考えられます。それぞれの意味を簡略化して書くと、

（1）この契約は締結されてから 5 年間有効である。
（2）それ以後は 5 年ごとに更新される。
（3）両者のどちらかが 1 年前に通知すれば解約できる。

となります。unless and until の部分がややわかりにくいかもしれませんが、それについては生徒の訳のように処理してもかまいません。

　問題は、「いつから解約できるか」です。最初からできる

326

のか、５年を過ぎた２期目からなのか、どちらなのでしょうか。

　ここで、B-01やC-08などで説明した「**本流と支流**」あるいは「**幹と枝**」の考え方を思い出してください。

　まず、（1）の部分が本流で、そこでカンマが打たれていますから、（2）の部分は支流になります。そして、２番目のカンマが出てきた時点で、もう一度本流にもどります（「支流の支流」へ分かれていく可能性もありますが、それではまったく意味が通じないのでそちらは無視します）。本流にもどるということは、（3）の部分は（2）を飛び越えて（1）にかかるということです。つまり、解約は最初の５年間のうちから（正確には１年が経過すれば）可能です。そして、これは２期目からについても適用されます。

　ところが、もし仮に２番目のカンマがなかったとしたら、（2）と（3）がひとつづきになりますから、（3）は（2）だけにかかります。ですから、解約できるのは５年を過ぎた２期目からということになります。

　つまり、２番目のカンマがあるかないかで大きく意味が変わるというわけです。最初に示した生徒訳は、こちらの意味に読めてしまうので、完全な誤訳ということになります。

　実は、この文をめぐって、かつて実際にカナダで契約にまつわる訴訟沙汰があったのです。一方は「１期目から解約できる」と解釈し、他方は「２期目からしか解約できない」と

327

▼訳例と解説

解釈して対立しましたが、上記のとおり、カンマがふたつあるので「1期目から可能」とする裁定がくだされました。負けた側は、解釈のちがいによって、200万ドル以上の損失をこうむったそうです。カンマひとつでひどい目に遭った最も極端な例でしょう。

問題

D-28　A-114でも紹介した、6語で人生を表現する短詩 six words の作品です。つぎのような訳をした生徒が多かったのですが、ほんとうにこれでよいでしょうか。

Don't take it personally, yeah right!

▼

ある生徒の訳文

あてつけだと思わないでよ。ほんとうにね！

▼訳例と解説

D-28 Don't take it personally, yeah right!

➡ 「あてつけだと思わないで」だって？　よく言うよ！

　一見、生徒の訳でもよさそうな感じがしますが、実は大きなまちがいを犯しています。

　たとえば、"Thanks a lot." と言った場合、それはつねに「どうもありがとう」でよいでしょうか。相手がたいしたことをしてくれていないときや、よけいなことをしたときなどに、それに対する皮肉として "Thanks a lot." と返すときもありますね。そういう場合の訳出は非常にむずかしいのですが、わたしは「大いに感謝するよ」など、ちょっと引いたような訳文をあてることが多いです。**このような反語的表現は、小説や映画などでは頻出します。**日本語でも、友達同士のあいだではいくらでも使いますね。

　実は "Yeah right!" もよく聞く反語的表現で、日本語の「はい、はい！」「よく言うよ！」などにあたります。

　これらを考慮すると、"Don't take it personally." は自分の発言ではなく、だれか別の人（配偶者、恋人、上司など）と考えないと筋が通りません。それに対して、あきれた気持ちを表しているのがこの six words です。

330

問題

D-29 前問と同じ six words の作品です。ある人が自分の人生について語ったものですが、少なくとも4通りの解釈が考えられます。それぞれ、どんな意味でしょうか（作者はおそらく女性ですが、男性の可能性もあります）。

Birthed infant. Returned to a toddler.

331

▼訳例と解説

D-29 Birthed infant. Returned to a toddler.

➡ （1）赤ちゃんを産んだ。よちよち歩きにもどった。
　　（2）赤ちゃんとして生まれた。（老人になっ
　　　　て）よちよち歩きにもどった。
　　（3）赤ちゃんとして生まれた。（負傷して）よ
　　　　ちよち歩きにもどった。
　　（4）赤ちゃんを産む。帰ったら歩いてた。

　これは six words の公式サイトへの投稿作品で、作者の性別は確定できません。かつて『SIX-WORDS　たった６語の物語』（ディスカヴァー・トゥエンティワン）が刊行されたころに、ツイッターで訳文募集コンクールをおこなったところ、この作品についてはあまりにも解釈が分かれたため、信頼できるネイティブに質問してみました。

　わたし自身はその時点で、大きく分けて３つの解釈があると思っていました。ところが、その人から来た返事は「３つともじゅうぶんありうるが、それとはちがう４つ目があるのではないか」というものでした。４つ目はわたしがまったく想像もしなかった解釈でした。

　では、その４つを紹介しましょう。１番目は「赤ちゃんを産んだ。よちよち歩きにもどった」。これがいちばんよくある解釈です。赤ちゃんに合わせて、自分もいっしょによちよ

332

ち歩くという光景です。とても微笑ましいですね。

　２番目は「赤ちゃんとして生まれた。よちよち歩きにもどった」。birthed を過去分詞と見て、そのあとに as を補って考えます。よちよち歩きではじまって、よぼよぼ歩きで終わる人間の一生を少しユーモラスに描いたという見方です。

　実は、わたし自身の直感はこの解釈で、しばらくして１番目を思いつきました。答えてくれたネイティブは、ほぼ同時に両方を思いついたそうです。どちらかに絞りこむ決定的な根拠はないということでした。

　ところで、問題文の six words は、以前公式サイトにあった〈six words for IAVA〉というコーナーに投稿されたものでした。IAVA とは Iraq and Afghanistan Veterans of America の略語です。つまり、断定はできませんが、これはイラクかアフガニスタンの帰還兵が作った可能性が高いのです（女性の兵士ということもありえます）。

　となると、訳は２番目と同じですが、後半だけを少し変えた３番目の解釈が成り立ちます。よちよち歩きにもどる理由が老齢ではなく、戦地での負傷だとしたらどうでしょうか。こうなるとユーモラスでもなんでもない、恐ろしくシリアスな作品です。

　もちろん、帰還兵だとしても１番目や２番目の意味で作った可能性はゼロとは言いきれません。また、２番目や３番目の意味だといかにも男性っぽい感じがするのもたしかですが、これも断言はできません。

▼訳例と解説

　つづいて、4番目の解釈です。驚くべき返事だったので、その内容を英文のまま紹介します。

The one more idea is that she gave birth to her baby in the USA but had to go on duty in Iraq and leave her baby with someone. When she got back her baby was already a toddler.

　つまり、return to の意味が「〜のいる場所にもどる」になる可能性もあるということで、戦地から帰還したら、かつて自分が産んだ子が歩きはじめていた、という解釈です。もちろん、女性帰還兵の作だとしてはじめて成り立つ解釈です。
　ただし、子育ての喜びゆえであれ、高齢ゆえであれ、負傷ゆえであれ、本人が toddler にもどった可能性のほうが高いだろう、ということでした。そして、そのネイティブからの返事はつぎのように結ばれていました。

We can only guess, but perhaps it is that puzzle aspect that is one of the attractions of these six word stories.

　これこそまさに、多様な解釈を許す six words の真骨頂とも言える作品ではないかと、いまは思っています。自分にとっても、このやりとりはほんとうによい勉強になりました。

334

学習相談 Q & A   *part 10*

Q. なぜ訳すことが必要なのですか？

　単純な日常の挨拶などはともかく、ある程度こみ入った内容の
ものがほんとうに深く理解できているかどうかを知るためには、ど
うしても訳読が必要です。逆に言えば、訳読せずにそれを判定す
る方法があるなら、ぜひ教えてもらいたいところです。

　おそらく、ネイティブが子供のころから言語を習得していくの
と似た環境で膨大な時間を過ごせば、訳読などしなくても身につ
くのでしょうけれど、そのような恵まれた条件を与えてもらえる
のはごく少数の人だけです。直読直解を目標としつつ、できる範
囲でそうつとめながらも、必要に応じて訳したり文法を確認した
りするほうがはるかに効率的でしょう。

　学校の授業の枠内で何をすべきかについては、さまざまな考え
方があります。中高の６年間、週に４時間や５時間程度では、日
常会話レベルのものに特化して聞いたりしゃべったりするか、読
み書きを中心としてみずから学べるようになるための土台を固め
るか、どちらかしかできないでしょう。わたし自身は後者のほう
が現実的で効果があがりやすいと思っています。

　また、訳読には、ふたつの言語を往復して、両者の共通点や相違
点を洗い出すことによって、双方の言語ばかりか、文化や社会の特
性を深く知る効果もまちがいなくあります。

問題

D-30 下線部を日本語にしてください。

(1) George Bernard Shaw's brighter contemporaries, standing close to the quick machinery of his remarkable mind, knew that if Shaw was not quite the definitive cultural miracle he proclaimed himself to be, he was close enough to it to be very special indeed. But a great artist's reputation is insecure with only partisan enthusiasms to sustain it. What is needed is not fanatic approval but an army of skeptical critics, curious and intelligent, strategically engaged in studying the virtues of the work of any candidate for greatness. If the work continues to compel the interest of such a jury of readers and critics, an artist's greatness is assured. (2) Shaw's work has been undergoing this trial by scrutiny for several decades; Shaw now stands as the greatest dramatist since Shakespeare. His long–acknowledged prowess as a prose writer of classic lucidity and enviable appeal has been extended to include less obvious qualities ——historical prescience, keen

social responsibility, and (what was most often denied) a fine sense of design.

Routinely accused of extreme self-conceit, to his most perceptive friends, Shaw was peculiar in his extreme selflessness. He could not be provoked to lose his temper or to take offense, despite the saturated state of keen excitement. (3) His stronger characters display a similar immunity; they take their emotional cues from themselves rather than from others. What Shaw does with his characters he did with himself.

▼訳例と解説

D-30　（1）ジョージ・バーナード・ショーの同世代人のなかでも比較的聡明な者たちは、ショーの驚くべき才気煥発ぶりを目のあたりにしていたので、たとえ本人がみずから公言してはばからなかったような真に奇跡的な存在ではないにせよ、かぎりなくそれに近い特別な存在であることを知っていた。だが、偉大な芸術家の名声というものは、狂信的な支持だけでは確実にならない。必要なのは熱狂的賞賛ではなく、懐疑的批評家の一団──偉大になる可能性を秘めた者の作品を戦略的に研究する、好奇心と知性を備えた人々の一団である。作品が審判たる読者や批評家に興味を持たせつづけられれば、作家の偉大さは不動となる。（2）ショーの作品は数十年にわたって研究され、厳正な審判に付されてきた。その結果、いまやショーはシェイクスピア以降のあらゆる劇作家の最高峰に位置づけられている。古典的明快さと羨望に値する魅力とを備えた散文家としての技量が長きにわたって認められてきたため、あまり明らかとは思えない資質、たとえば歴史的洞察力、社会的責任への敏感さ、そして（かつては最も評価が低かった部分だが）すぐれた構成感覚までもが、今日では高く評価されている。

　ショーはよく極端にうぬぼれが強いと非難されたものだが、当人を最もよく理解した友人たちに

338

とっては、異様なほど自分を押し殺す人間だった。極度の興奮状態にあっても、取り乱したり怒ったりすることがなかった。(3) ショーの作りだした人物のうち、比較的強い性格の持ち主たちも、同種の辛抱強さを見せる。それらの登場人物たちは、感情を動かす手がかりを、他人ではなく自分のなかに求める。ショーは作中人物に対することを、みずからに対してもおこなっていたのである。

　劇作家のジョージ・バーナード・ショーについての文章です。全文を理解するのにずいぶん手こずった人も多いでしょう。内容の難解さだけでなく、ところどころの構文のわかりにくさも手伝って、かなり読みづらくなっています。特に、指定した３か所の下線部には、誤読や不正確な読みをしがちな部分がいくつも含まれています。そのあたりを中心に説明します。

（1）

George Bernard Shaw's brighter contemporaries, standing close to the quick machinery of his remarkable mind, knew that if Shaw was not quite the definitive cultural miracle he proclaimed himself to be, he was close enough to it to be very special indeed.

▼訳例と解説

1行目の brighter contemporaries はどういう意味でしょうか。ここで比較級が使われていることに注目してください。直感としては、「ショーよりも頭のよい同世代人たち」と読みたくなるところですが、このあとにショーが図抜けて優秀だったと書いてあることを考えると、それではまったく筋が通りません。だとしたら、比較の対象がちがうことになりますが、D-20のように時間の前後で比べているのでもないようです。

この brighter は、contemporaries 全体を二分して、「bright な人と bright でない人がいるうちの、bright なほうの人たち」という意味で使われています。それなら、ショーよりすぐれていなくてもまったく変ではありませんね。わたしの訳文はそれがわかるようにややくどく処理してありますが、自分自身でわかってさえいれば、比較級をあえて訳出せず、「知識階級」などの簡潔な訳語にしてもかまいません。ただ、「ショーと同時代の輝かしい人たち」などとすると、だれもがそうだったという印象になりかねないので気をつけてください。

なお、この種の比較級の使い方は、下線部（3）にもまた出てきます。

そのほかでは、中ほどからの if 節が、前後のつながりから考えて even if の節の意味合い（「たとえ～だとしても」）になることにも注意してください。

PART D 活用編

（2）

Shaw's work has been undergoing this trial by scrutiny for several decades; Shaw now stands as the greatest dramatist since Shakespeare. His long–acknowledged prowess as a prose writer of classic lucidity and enviable appeal has been extended to include less obvious qualities ——historical prescience, keen social responsibility, and（what was most often denied）a fine sense of design.

　1文目の trial の意味をどのように考えたでしょうか。「試練」という訳語の人が多いのですが、まちがいとまでは言えないものの、適訳ではありません。前の文に such a jury of readers and critics とあり、読者や批評家を陪審員にたとえているのですから、この trial は「裁判」です。裁き、審問、審判などの訳語でもかまいませんが、前の文との関係を意識していなければ、正しく読めたことになりません。

　1文目の後半は大きな問題がありませんが、now stands には「かつてはそうではなかったが、いまはそういう立場にある」という含みがありますから、少々ことばを補って「いまや〜と見なされている」「位置づけられている」などとしてよいところです。

　2文目がなかなかむずかしいですね。何を言っているのか、

341

▼訳例と解説

書いた本人もちんぷんかんぷんではないかと思われる訳文を
よく見ます。中には、いまもショーが生きているとしか読め
ないような訳文もあるのですが、ショーは半世紀以上前に死
去しています。

　この文は "His long-acknowledged prowess … has been
extended to include ～" という形になっているため、「……
は長所として以前から認められてきたが、それが拡大されて、
～も長所に含まれるようになった」という流れになっています。
そして、主語のほうには classic lucidity と enviable appeal
というふたつの長所、後半には less obvious qualities として
historical prescience、keen social responsibility、a fine
sense of design の3つの長所が付随しているので、「かつて
長所はふたつだったが、いまは5つと考えられている」とい
うのがこの文の大筋です。あとはその枠のなかにひとつひと
つの要素を入れていけばいいのです。

　それぞれについて細かくは書きませんが、classic lucidity
は素直に読んで「古典的明快さ」です。「古典に精通してい
ること」などの訳が多いのですが、それは英語の読み方とし
て強引です。

　最もまちがいが多いのはカッコのなかの what was most
often denied で、ここは過去形であるにもかかわらず、8割
程度の人が「たいてい否定されるが」のように現在のことと
して訳しています。しかし、全体の流れがよく見えていれば
「かつては否定されたが、いまは長所として認めている」と
いう訳にしかなりません。

342

(3)

His stronger characters display a similar immunity;
they take their emotional cues from themselves rather
than from others. What Shaw does with his charac-
ters he did with himself.

　stronger characters を「より強い性格」と読んだり訳し
たりする人が半数ぐらいいますが、それではこのあとの記述
がよくわからなくなるでしょう。**強引に押し通すのか、違和
感ゆえに修正を試みるのかが分かれ目です。**もちろん、そこ
で辞書を引いてもかまいません。character は「性格」の意
味のときは不可算名詞ですから、characters という形には通
常はなりません。

　だとしたら、character の意味は何でしょうか。そう、こ
こでは「キャラクター」、つまり「登場人物」です。ショー
は劇作家ですから、戯曲に登場する人たちの話をしているの
です。

　では、stronger の意味はなんでしょうか。これも（1）で
出てきた比較級と同じ用法です。つまり、特定の何かよりも
強いと言っているのではなく、strong と strong でない2種
類の characters のうち、strong であるほうの人々、という
意味で使われています。ここからの記述はショーと作中人物
の共通点について書かれていて、だからこそ they だの
themselves だのと言っているわけです。

343

▼訳例と解説

　それさえまちがえなければ、以下はそうむずかしくありません。最後の文は現在形と過去形が混在していて、そこが気になった人もいるかもしれませんね。ここは、登場人物はいまも作中で生きているのに対し、ショー自身はすでに死去していますから、作中人物との関係では現在形、ショー自身との関係では過去形を使ったと考えられます。ただ、訳文については あまり厳密に考えなくてけっこうです。

付録

文法項目別チェックテスト

ここからの問題は、以前ディスカヴァー・トゥエンティワンのセミナーホールと朝日カルチャーセンター新宿教室で開催した「『日本人なら必ず誤訳する英文』実践講座」のミニテストをもとに再構成したものです。【PART　A】（基礎編）の章立てに合わせて、文法項目別に分け、第１章から第10章までの各章につき５問ずつ、計50問を選びました。

　問題はすべて三択形式です。カッコ内に入れるのにふさわしいものをひとつだけ選び、記号で答えてください。制限時間は特に決めなくてかまいませんが、１ページあたり２〜３分が標準でしょう。

　各ページの５問を解き終わったら、次ページで答をチェックしてください。簡単ではありますが、各問に解説を記しました。

　問題のほとんどは、過去の大学入試センター試験やTOEICなどで出題された選択式の問題をアレンジして作成したものです。ここまでと比べるとかなりやさしい問題が大半を占めていますが、だからこそここでは満点をめざしてください。自分の弱点である文法項目を洗い出していくための材料にするとよいでしょう。

問題

1 文の構造

1. （　　　　　） is the writer of this novel?
   (A) Whom do you think　　(B) Do you think who
   (C) Who do you think

2. The English （　　　　　） said to be practical.
   (A) is　　　　　　　(B) are　　　　　　　(C) has

3. Most suicides in contemporary Japan occur for reasons （
   　　） in other countries.
   (A) very likely those　　(B) much likely those
   (C) much like those

4. （　　　　　） all men are equal is a proposition to which, at
   ordinary times, few individuals have ever given their assent.
   (A) That　　　　(B) What　　　　(C) Whether

5. （　　　　　） wishes to return to the easy days of high school.
   (A) A number of students　　(B) Many a student
   (C) The number of students

347

| 1 | 1. C | 2. B | 3. C | 4. A | 5. B |

1. <u>Who do you think</u> is the writer of this novel?

   do you think をカッコでくくれば、"Who is 〜 ?" の形になる。

2. The English <u>are</u> said to be practical.

   「the＋形容詞」で複数の人を表す。

3. Most suicides in contemporary Japan occur for reasons <u>much like those</u> in other countries.

   この位置で likely を使うのは変。

4. <u>That</u> all men are equal is a proposition to which, at ordinary times, few individuals have ever given their assent.

   「すべての人が平等である」という内容をまとめるので、接続詞 that ではじめて、主語の名詞節を作る。

5. <u>Many a student</u> wishes to return to the easy days of high school.

   動詞が wishes なので、主語は単数であるべき。a number of students は複数。The number of 〜は「〜の数」。many a 〜はやや古い言い方だが、単数扱い。

348

問題

2 時制・態

1. I remember （　　　　　） you many years ago, but not where.
   (A) that I have met　　(B) that I met
   (C) to meet

2. The United Nations （　　　　　） replaced the old League of Nations.
   (A) has　　　　　　(B) was　　　　　　(C) were

3. They （　　　　　） before they came to live in the city.
   (A) didn't marry long　　(B) hadn't married long
   (C) hadn't been married long

4. The students will be required to hand in their papers when they （　　　　　） writing them.
   (A) will have finished　　(B) shall have finished
   (C) have finished

5. On her way home, Sarah was （　　　　　） a stranger.
   (A) spoken to　　(B) spoken to by
   (C) spoken by

349

| 2 | 1. B | 2. A | 3. C | 4. C | 5. B |

1. I remember <u>that I met</u> you many years ago, but not where.

「何年も前」なので、過去形を使う。remember は過去のことについては不定詞を使えない（動名詞は OK）。

2. The United Nations <u>has</u> replaced the old League of Nations.

過去でも現在完了でもよいが、主語は「ひとつの組織」だから単数。replace は「～に取ってかわる」という意味の他動詞。

3. They <u>hadn't been married long</u> before they came to live in the city.

marry は他動詞なので、相手を目的語としない場合は受動態で使う。前半が後半より前の出来事なので過去完了。

4. The students will be required to hand in their papers when they <u>have finished</u> writing them.

時・条件の副詞節では、未来形のかわりに現在形を、未来完了形のかわりに現在完了形を用いる。

5. On her way home, Sarah was <u>spoken to by</u> a stranger.

能動態なら "A stranger spoke to Sarah." なので、to が必要。

問題

3 否定

1. Don't you dislike English? (   ), I hate it.
    (A) Yes   (B) No   (C) Like

2. Never a month passes (   ) Jane writes to her old
    parents.
    (A) without   (B) but   (C) unless

3. "No one could possibly attain his level of achievement."
    "No, sir. He is really (   )."
    (A) impossible   (B) acceptable   (C) exceptional

4. She was (   ) but nice the only time I ever met her.
    (A) something   (B) not   (C) anything

5. Neither she nor I (   ) tired.
    (A) is   (B) are   (C) am

3　1. A　2. B　3. C　4. C　5. C（Bも可）

1.　Don't you dislike English?　<u>Yes</u>, I hate it.
　　質問が肯定でも否定でも、dislike と hate はほぼ同じ意味だから、Yes と答える。

2.　Never a month passes <u>but</u> Jane writes to her old parents.
　　接続詞のはいるべき場所なので、without はおかしい。unless は「手紙を書かないかぎり、1か月が経たない」という意味になるため不適。

3.　"No one could possibly attain his level of achievement."
　　"No, sir. He is really <u>exceptional</u>."
　　ひとり目の発言から考えて、褒めことばを入れるべき。

4.　She was <u>anything</u> but nice the only time I ever met her.
　　anything but で強い否定を表す。nothing なら逆の意味になるが、それも正解。

5.　Neither she nor I <u>am</u> tired.
　　neither A nor B も either A or B も、動詞は後ろの B に呼応する。口語では are と言うことも多い。

352

問題

4 助動詞・不定詞

1. My sister （　　　　） there, for she missed the early train.
   (A) cannot have arrived　　　(B) ought to arrive
   (C) had better arrive

2. She is not the kind of person who is （　　　　） to talk with.
   (A) delighted　　　(B) glad　　　(C) pleasant

3. A student should tell the counselor if （　　　　） live with his roommate again next year.
   (A) he'd rather not　　　(B) he'd not rather
   (C) he'd rather didn't

4. They got their mother （　　　　） some sandwiches.
   (A) pack　　　(B) packed　　　(C) to pack

5. The salesman said he was very pleased （　　　　） the order the day before.
   (A) to receive　　　(B) to be received
   (C) to have received

353

| 4 | 1. A | 2. C | 3. A | 4. C | 5. C |

1. My sister <u>cannot have arrived</u> there, for she missed the early train.

   「着いたはずがない」と言ったあと、for 以下で判断の根拠を示す。

2. She is not the kind of person who is <u>pleasant</u> to talk with.

   delighted や glad なら、最後の with が不要。D-06参照。

3. A student should tell the counselor if <u>he'd rather not</u> live with his roommate again next year.

   would rather は had better と同じく、2語でひとまとまりの助動詞として扱う。

4. They got their mother <u>to pack</u> some sandwiches.

   get は使役の動詞だが、to つきの不定詞を従える。

5. The salesman said he was very pleased <u>to have received</u> the order the day before.

   the day before が「過去の過去」を表しているため、完了不定詞を使う。

354

問題

5 動名詞・分詞

1. Walter narrowly escaped （　　　　） in a traffic accident.
   （A）to be killed　　　（B）being killed　　　（C）to kill

2. Susan was used to （　　　　） speeches in public.
   （A）making　　　（B）make　　　（C）be made

3. （　　　　） one of the largest cities in the world, Tokyo has some unique characteristics.
   （A）In addition to　　　（B）In addition to be
   （C）Besides being

4. The boy is a bit unwell and wants （　　　　） after.
   （A）in looking　　　（B）looking　　　（C）to look

5. Some books, if （　　　　） carelessly, will do more harm than good.
   （A）read　　　（B）to read　　　（C）reading

5	1. B	2. A	3. C	4. B	5. A

1.　Walter narrowly escaped <u>being killed</u> in a traffic accident.
　　escape は動名詞を目的語にとる。

2.　Susan was used to <u>making</u> speeches in public.
　　be used to は名詞相当語句を従えるので、動名詞が適切。

3.　<u>Besides being</u> one of the largest cities in the world, Tokyo has some unique characteristics.
　　「〜であるとともに」の意味なので、being が必要。In additon to being も可。

4.　The boy is a bit unwell and wants <u>looking</u> after.
　　want や need のあとでは、不定詞なら to be looked という受動の形にする必要があるが、動名詞は能動の形のままでよい。

5.　Some books, if <u>read</u> carelessly, will do more harm than good.
　　本は「読まれる」のだから、過去分詞の形が必要。read の前の they are が省略されていると考えてもよい。

356

問題

6 比較

1. Problems of ecology would affect Japan as much as any
   country and probably （   ）.
   (A) more much　　　(B) more than most
   (C) more than the most

2. Fred made ten spelling errors in as （   ） lines.
   (A) many　　　　　(B) many as　　　　　(C) same

3. The more I studied English, （   ） I came to find it.
   (A) the more interest　　(B) the more interesting
   (C) the more interested

4. She is （   ） than clever.
   (A) more wise　　(B) wiser　　(C) more wiser

5. I don't think that Mike is very efficient - still
   （   ） do I think that his assistant is.
   (A) more　　　　　(B) much　　　　　(C) less

357

6　1. B　　2. A　　3. B　　4. A　　5. C

1. Problems of ecology would affect Japan as much as any country and probably <u>more than most</u>.

カッコの個所のあとに countries が省略され、「ほとんどの国よりも多くの影響を及ぼす」。A-67参照。

2. Fred made ten spelling errors in as <u>many</u> lines.

同数、つまり「10行で」という意味。A-61参照。

3. The more I studied English, <u>the more interesting</u> I came to find it.

find it（＝English）interesting の形がもとにある。

4. She is <u>more wise</u> than clever.

形容詞同士を比較する場合は、原級と原級で比べる。

5. I don't think that Mike is very efficient — still <u>less</u> do I think that his assistant is.

「ましてや〜」の意味の場合、肯定文のあとは much more か still more、否定文のあとは much less か still less。

問題

7 関係詞

1. That was the reason （　　　　） prevented them from coming with me.

   （A）why　　　　（B）what　　　　（C）which

2. （　　　　） he refused our proposal was a big surprise to us.

   （A）As　　　　（B）That　　　　（C）What

3. She is one of the few girls who （　　　　） passed the examination.

   （A）did　　　　（B）has　　　　（C）have

4. I've been deceived by the man （　　　　） I thought was my best friend.

   （A）who　　　　（B）whom　　　　（C）when

5. It is not what Bob says （　　　　） annoys me but the way he says.

   （A）who　　　　（B）what　　　　（C）which

359

| 7 | 1. C | 2. B | 3. C | 4. A | 5. C |

1. That was the reason <u>which</u> prevented them from coming with me.

   reason は prevent の主語として働くので、why ではなく主格の代名詞が必要。

2. <u>That</u> he refused our proposal was a big surprise to us.

   ①の4.と同様、名詞節を作る接続詞 that ではじめる。

3. She is one of the few girls who <u>have</u> passed the examination.

   試験に合格したのは何人かいるのだから、先行詞は one ではなく複数形の the few girls。

4. I've been deceived by the man <u>who</u> I thought was my best friend.

   I thought をカッコでくくって考える。

5. It is not what Bob says <u>which</u> annoys me but the way he says.

   強調構文の形。that も可。

360

問題

8 仮定法

1. The party was a lot of fun. I wish you （   ） there.
   （A） are   （B） were   （C） had been

2. The view was wonderful. If （   ） a camera with me, I would have taken some photographs.
   （A） I had   （B） I'd have   （C） I'd had

3. （   ） you in my place, what would you do?
   （A） Should   （B） Suppose   （C） Were

4. Even if the sun （   ） in the west, he would not change his mind.
   （A） would arouse   （B） were to rise
   （C） should raise

5. It is essential that the cause of the delay in shipment （   ） no later than the end of this week.
   （A） ascertained   （B） be ascertained
   （C） to be ascertained

361

8	1. C	2. C	3. C	4. B	5. B

1. The party was a lot of fun. I wish you <u>had been</u> there.

   過去にさかのぼっての願望なので、仮定法過去完了を使う。

2. The view was wonderful. If <u>I'd had</u> a camera with me, I would have taken some photographs.

   1.と同様、仮定法過去完了なので had had の省略形がはいる。

3. <u>Were</u> you in my place, what would you do?

   if 節のかわりに動詞の倒置が用いられる。be 動詞を省略することはできない。

4. Even if the sun <u>were to rise</u> in the west, he would not change his mind.

   should でも were to でも「万一」の意味になるが、arouse も raise も他動詞で意味は「起こす」なので不適。

5. It is essential that the cause of the delay in shipment <u>be ascertained</u> no later than the end of this week.

   緊急・必要などの表現（ここでは essential）のあとの that 節内では、述語動詞は原形、または should のつく形。

362

問題

9 相関構文・特殊構文

1. It's (　　　　　) that I'd like to take a long walk in the woods.
   (A) so fine a day　　(B) a fine day so
   (C) so a fine day

2. (　　　　　) it was to see the theater packed with so many young people!
   (A) How pleased　　(B) What a pleasure
   (C) What pleasant

3. It was (　　　　　) I visited Ted that I realized how ill he was.
   (A) before long　　(B) not only　　(C) not until

4. Television can be harmful (　　　　　) that it keeps your mind in a passive state.
   (A) in　　　　　(B) so　　　　　(C) such

5. (　　　　　) had they been fighting when a few people contrived to part them.
   (A) No sooner　　(B) Barely　　(C) As soon as

363

| 9 | 1. A | 2. B | 3. C | 4. A | 5. B |

1. It's <u>so fine a day</u> that I'd like to take a long walk in the woods.

   "so … that …" または "such … that …" の形が必要。
   正しい語順は "so fine a day" と "such a fine day"。

2. <u>What a pleasure</u> it was to see the theater packed with so many young people!

   "it was a pleasure to …" の形がもとにある。How pleasant も可。How pleased なら、I am などがつづく。

3. It was <u>not until</u> I visited Ted that I realized how ill he was.

   「テッドを訪ねてはじめて、病気だと知った」などと訳す。

4. Television can be harmful <u>in</u> that it keeps your mind in a passive state.

   "in that 〜" は「〜という点で」などと訳す決まり文句。

5. <u>Barely</u> had they been fighting when a few people contrived to part them.

   左から右へ読んで「…するとすぐに〜」。scarcely や hardly も可。

問題

10 その他

1. The population of Italy is about （　　　　） that of Japan.
   （A） half as large as　　（B） as half as
   （C） as half large as

2. People greatly differ （　　　　） their views of life.
   （A） from　　　　　　（B） in　　　　　　（C） to

3. Three-fourths of the earth's surface （　　　　） covered
   with water.
   （A） is　　　　　　（B） are　　　　　　（C） have

4. The man who stops learning is as （　　　　） as dead.
   （A） good　　　　　（B） well　　　　　（C） much

5. I don't know how to deal with it. I have to look
   （　　　　） you for advice.
   （A） on　　　　　　（B） to　　　　　　（C） like

| 10 | 1. A | 2. B | 3. A | 4. A | 5. B |

1. The population of Italy is about <u>half as large as</u> that of Japan.
   大きさの度合いが半分なのだから、as は half ではなく large の前につく。half large as という形も可。

2. People greatly differ <u>in</u> their views of life.
   「人生観において、人々はそれぞれに異なる」。比較の対象があとにあるわけではないので、from ではない。

3. Three-fourths of the earth's surface <u>is</u> covered with water.
   「全体の4分の3」というひとまとまりの部分が主語なので単数扱い。

4. The man who stops learning is as <u>good</u> as dead.
   as good as は「ほとんど〜も同然」という意味の決まり文句で、善悪とは無関係。

5. I don't know how to deal with it. I have to look <u>to</u> you for advice.
   "look（または turn）to A for B" は、「B について A に頼る」という意味の決まり文句。

366

巻末インタビュー

わたしは英語を
こうして勉強した

中学校から大学受験まで

──中学生時代、英語は得意でしたか。

越前　比較的、得意科目ではありましたね。小学２年生のころから近所の英会話教室にかよっていたので、まあほとんど遊び感覚でしたが、英語に対して抵抗はまったくなかったんです。その英会話教室は国際交流にも力を入れていて、僕は中学１年の夏休みにアメリカへホームステイに行きました。当時は身振り手振りも交えて、そこそこコミュニケーションがとれたんじゃないかな。ただ、英語力をつけるという意味では、中学３年とか高校１年とか、ある程度英語を勉強してから行くべきだったとは思いますね。

　中高一貫の進学校だったので、塾にもかよっていました。英語塾としてはけっこう有名なところで、当然勉強の進度も速いわけです。ふつうなら高校３年ぐらいまで

367

にやる文法を、中学生のうちに終わらせていました。お
まけに学校が受験校だから生徒はみんな競って勉強する
し、英検もどんどん受ける。僕も中2の初めに3級、中
3の初めに2級に合格していました。

ただそれもホームステイといっしょで、ある意味で失
敗だったと思っています。英検は記号問題だし6割正解
すれば合格できるので、おそらくギリギリで合格してる
はずなんです。そうだとしても、いまのように準1級が
あれば、つぎに向かってまた勉強したでしょう。でも当
時は準1級がなく、かといって1級となるとあまりにも
2級とのレベルの差が大きいので、1、2年勉強した程
度ではとうてい受かりっこない。そのうえ高校受験もな
いから、目先の目標がなくなってしまった。結果として、
中3のときには完全に中だるみ状態。中途半端な英語の
実力しかないのに、勉強をやめてしまったんです。塾も
サボるようになって、その時間に何をしていたかという
と、塾から近かった神宮球場で野球観戦（笑）。

これは英検にかぎりませんが、資格試験というものは
満点に近い点数をとれる実力をつけてから受けるべきで
すね。ギリギリで受かるぐらいなら、むしろ受からない
ほうがいい。子供たちがいま、漢字検定を受けているん
だけど、じゅうぶんに力をつけてから受けるという方針

で準備させてます。

——高校生になると、英語はぐっとむずかしくなります。さすがに勉強せざるをえなかったのではないですか。

越前　いえ、それがまったく（笑）。中学までにがんばって勉強した貯金でなんとかしのいだという感じです。試験前にしか勉強しなかったし、その程度だから実際に試験でもいい点数をとっていません。グラマーがどう、リーディングがどうという次元ではなく、ほんとうに何もしませんでした。語学という意味では、むしろ古文が好きでしたね。学校の勉強とは関係なく、『平家物語』を読んだりしてましたから。このころから毎日のように映画館へかよいはじめたので、英語だけでなくて勉強そのものをしなかった。そんな高校生活を送っていましたから、当然、大学受験には失敗しました。

——でも、東大を卒業してらっしゃるわけですから、浪人時代はかなり勉強されたんでしょうね。

越前　僕は2浪していて、本気で勉強をはじめたのは1浪目の半ばあたりからです。実は女の子にフラれて、というよりハナから相手にされなかったと言ったほうが正確なんだけれど（笑）、そういうのがきっかけとなって

巻末インタビュー

奮起して、英語を含む全科目の猛勉強をはじめたんです。あとでふれますが、社会人になって留学予備校で英語を教えるようになったときも、ある期間はかなり集中して勉強しています。僕は性格的にコツコツ地道にやるタイプではないらしく、やるときとやらないときの差がかなり激しい（笑）。

——では、"猛勉強モード" にはいった浪人時代の英語学習について、くわしく教えてもらえますか。

越前　僕は駿台予備校に2年かよっていて、英語については故・伊藤和夫先生に教わりました。伊藤先生は、僕のそれまでの「英語の読み方」を根底から変えてくださった。先生の説く英文の分析のしかたが新たな視点を与えてくれました。単語や熟語をただ覚えるのではなく、英語を "形" から読んでいくというのかな。実は「英語を左から右へ読む」というこの本の大きなテーマは、伊藤先生からそのまま受け継いだといっても過言ではないんです。先生の話が聞きたくて、自分がとった講座だけでなく、他校舎で開かれている授業にももぐりこんでいましたからね。

　勉強したのは、ほとんどが駿台のテキストです。それだけでもかなりの量でした。あとは伊藤先生が執筆され

た教本。有名な『英文解釈教室』はもちろん、『英文法頻出問題演習』『英語構文詳解』あたりです。伊藤先生の著書ではありませんが、『試験にでる英単語』や『試験にでる英熟語』といった受験生の定番もやりました。

――たとえば、英字新聞や英語雑誌、ペーパーバックを読んだりといった勉強はされたんですか。

越前　いえ、さっきあげたテキストと参考書だけですね。そういう意味では特別なことはしていない。伊藤先生は授業でこんなことをおっしゃっていました。「ほんとうの意味で大人の英語を読めるようになるには、積み重ねたときに君たちの身長と同じ高さになるぐらいの原書や英語雑誌を読まなければならない。ただし、それは大学生や社会人になってからやるべきことであって、受験生時代には必要ない。受験用テキストの勉強によってそういった英語を読む下地を作るだけでじゅうぶんです」と。

　僕自身、テキストや受験用参考書しか勉強しなかったけれど、それらについてはほぼすべて覚えました。「でる単」「でる熟」については完璧でしたね。1浪目も終わりのころには、たぶん東大に合格できるギリギリの力がついていました。そして、受かってもおかしくないレベルで落ちた。結果的には、それがよかったと思ってい

371

巻末インタビュー

ます。1浪目のときに、伊藤先生の授業を受けてわかった気になって実はよくわかっていなかったことが、2浪してもう一度話を聞くことで、深く完全に理解できるようになりましたから。実際、英語は得意科目になり、駿台の模試でも上位成績者、つまりひと桁かふた桁の順位にはいっていました。2浪目のときは、そうとう高いレベルで合格したはずです。さっきの英検の話と同じで、試験はじゅうぶんな実力をつけてから受けるべしってことですね。

大学から留学予備校講師時代

――東大に入学されたあと、フランス語を猛勉強されたそうですね。英語と同じヨーロッパの言語ということで、何か学習上共通するところはありましたか。

越前　フランス語のクラスをとったのは、蓮實重彦先生が教えていらっしゃったことが大きいですね。高校時代よりさらに映画づいていたので、先生の映像論のクラスにも出ていましたから。実は大学にはいってしまうと映画を観たり撮ったりに忙しく、勉強どころではなくて、最初の3年間はまるで勉強しませんでした。留年を繰り返し、4年目になって「さすがにこれはまずい」と焦り

372

はじめて、あえてきびしいことで評判だった蓮實先生の
フランス語のクラスをとったわけです。

　先生が書かれたフランス語のテキストがまた強烈でね。
序文に「容易にフランス語に導くようには編まれていな
い」とあって、フランス語をあきらめる契機になれば、
なんてことが書いてある（笑）。何せ１章がフランス共
和国憲法、２章目でもう文学作品。〈覚えない人は覚え
なくてけっこう〉というその挑発的な姿勢に発奮して、
その半年間は１日10時間ぐらい勉強しました。

　フランス語を学んでよかったと思うのは、英語の輪郭
がよりはっきりしたことですね。英語は多民族の言語の
要素が入り混じってできあがったので、ルールに例外が
多い。その典型が発音です。ヨーロッパ言語は基本的に
つづりと音の関係がほぼ100パーセント一致していて、
字を見て読めない単語は存在しません。でも、英語は例
外的な読み方をする単語がたくさんある。そういう英語
のむずかしさに気づいたと同時に、英語の文法事項を再
確認し、より深く理解できたとも思いました。

**――大学時代、英語とはどのようにかかわっていたので
すか。**

巻末インタビュー

越前　塾講師として、です。映画を作るお金が必要だったので（笑）、大学２年生のころから塾講師のアルバイトをはじめたんですよ。当初は小学生相手に国語・算数・理科・社会の全教科を教えていたんですが、中高生になった教え子から個人指導を頼まれるようになり、高校生には受験対策の英語も教えなきゃいけませんから、浪人時代に勉強した伊藤先生の教本をもう一度、ていねいに読みなおしました。自分の受験生時代にはまだ出ていなかった『ビジュアル英文解釈』も買って読みこみましたよ。

このときの読みなおしが、それまでの理解をより深めてくれました。特に『英語構文詳解』は浪人時代にはあまり役立たないと感じていたんだけれど、〈英語は左から右へ読む〉という伊藤先生の考え方がいちばんしっかり説明されているのは実はこの本なんだと気づかされました。

人に教える、説明するには、まず教える側がよくわかっていなければいけません。いろいろなレベルの生徒を相手にしていると、当然さまざまな質問が飛んできます。それに対して「どう説明したら理解してもらえるだろう」とじっくり考えることは、理論的な裏づけを体系的に作りあげることにつながるんです。自主映画の製作

費ほしさにはじめたことだったけれど、とても意義ある経験になりました。

　もうひとつわかったのは、人間、お金がからむと本気になるということ（笑）。英語学習のモチベーションをあげたいなら、これにかぎります。受験生なら「大学合格」ってことになるかな。

――７年間のとても長い（笑）大学生活を終えたあとも塾講師をつづけ、留学予備校でも教えられたそうですね。

越前　留学予備校で教えたのは、おもにアメリカのビジネススクールに出願するときに受けなければいけないGMATという試験の受験対策です。数学と英語（アメリカ人にとっての国語）、ふたつで成り立っていて、初めは数学だけを担当していたんですが、そのうち英語も教えるようになりました。

　英語の試験は、リーディングコンプリヘンション（読解）・センテンスコレクション（文法）・クリティカルリーズニング（論理思考）の３分野に分かれていて、自分でもこの試験を受けてみようと思い立ち、勉強をはじめました。１日あたり５、６時間ぐらい、それを半年ほど。GMATだけでなく、TOEFL、SAT、GREといっ

たアメリカの大学や大学院受験に必要な試験の勉強もしました。どれも過去問集を2回ずつ解きましたね。やはり、1度きりでは身につきません。

——日本の大学受験の勉強とは、かなりちがいましたか。

越前　いろいろな意味でレベルがちがいました。実はこの時期の勉強が、翻訳のいちばんの土台になっています。大学受験英語とちがって、GMATでは人文科学・社会科学・自然科学の3ジャンルから均等に出題されるので、ボキャブラリーの幅がバランスよくひろがりました。勉強法としては過去問を解くのが中心で、むずかしい構文が出てくれば調べたうえで納得するまで考え抜いたし、知らない単語が出てきたら自動的に暗記した。そういうごくあたりまえで、原始的なことをやりつづけました。

　実際の試験ではかなりのスピードが求められるので、予備校では速く解くためのテクニックも教えましたが、構文も単語もしっかりマスターしておけば、テクニックなんかに頼らずに正攻法で対処できるようになるんです。結果的に、一般的な英語であればどんなものでも読める語彙力と読解力が身につきました。

　これは持論ですが、読むスピードというのは、同じ文

章を2度読んだときにつくと思っています。なぜなら、先の予測ができるから。1度読んだものを、半分は覚えていて半分は忘れているような状態のときに、つまり3か月ぐらい間を置いて読みなおすのが最も効果的だと思います。そういうことをさまざまなテキストを使って何百と繰り返すうちに、たとえ新しい文章であっても、ある程度先を予想できる力がついてくる。テーマやボキャブラリー、構文、話を展開していく論理構成など、あらゆる面で蓄積ができるからです。読むスピードをつけたいなら、"二度読み"をたくさんこなすことをお勧めします。

――留学目的の社会人、つまり大学受験生よりも知識の豊富な人たちを相手に教えることで、何か発見はありましたか。

越前　どんな人でもまちがえる英語はある、ということですね。ビジネススクールへの留学を考える人たちは、金融業界や商社に勤めていることが多く、彼らは仕事でも英語に接しています。TOEFLも9割ぐらいのスコアをとってしまうような人たちだし、リスニングやスピーキングだったら僕はかなわない。それでもやっぱり勘ちがいする英文というものがあって、そこにかならず理由がある。おもしろいなと思いましたね。その発見が、こ

巻末インタビュー

の本の原点でもあるんです。

翻訳家になるまで

──**翻訳をはじめたきっかけは、何だったんですか。**

越前　自分の塾と並行して留学予備校で教えていたとき、いつの間にか数学も英語も教え、そのうえエッセイや願書作成の指導まですることになってしまって、1日15時間以上も働くような毎日がつづきました。ちょうどバブルの真っただ中で、企業もバンバンお金を出して社員を留学させようとしていたので、ほんとうに忙しかった。おかげで、たっぷり稼がしてもらいましたが（笑）、激務がたたったのか体を壊してしまい、3か月ほど入院生活を余儀なくされました。そのときですね、小説の翻訳をやろうと考えたのは。生死の境をさまようほどの危険な病気だったので、人生を見つめなおすきっかけになり、何か形に残る仕事がしたくなったんです。映画作りや小説の創作も考えましたけど、ずいぶん長いあいだ英語漬けになっていた経験を生かして、好きなミステリ小説の翻訳をやってみるのがいちばん現実的じゃないかと。

　復帰後は自営塾の仕事を減らして、心機一転、翻訳学

378

校のフェロー・アカデミーにかよいはじめました。一方
で、留学予備校の授業で使う試験問題の訳文を片っ端か
ら作るという作業もはじめました。生徒に訳文を渡して
ポイントを解説するという形式は、当時はおそらく、そ
の業界ではほとんどだれもやっていなかった。１年間で
Ａ４用紙にして400〜500枚ぶんは訳したと思います。

　訳文を作るとなると、ごまかしが利かない。英文の問
題だけを見ながら説明するんだったら、自分でもはっき
りわからないところはさらりと飛ばすという逃げが打て
るけれど（笑）、訳すとなるとそうはいきません。何時
間でも粘って、自分なりに納得できる答を出さなきゃい
けない。たとえまちがいがあったにせよ、とてもいい経
験になったと思います。いま読み返してみると、ずいぶ
んぎこちない訳文で、冷や汗ものだけど（笑）。

**――それまで培った英語力は、翻訳を学ぶうえでも役立っ
たんでしょうね。**

越前　もちろん、そうです。特に入門クラスのときはね。
ただ、翻訳家の田村義進先生のクラスでは、事はそう簡
単に運びませんでした。最初の授業には、正直言って、
自信満々で臨んだんですよ。どんな英文だろうとだい
じょうぶだって。ところが、初日に渡された教材を見て

巻末インタビュー

ぶっ飛びました。ジェイムズ・エルロイですよ（注・映画『L.A. コンフィデンシャル』『ブラック・ダリア』の原作者）。一見文法を無視したかのような、ぶつぶつに切れた文章。しかも知らない単語や、知っていても意味のとれない単語ばかりで、何が書いてあるのかさっぱりわからない。鼻をへし折られました。

　それまで万能の辞書だと思っていた「リーダーズ」でさえほとんど役立たずで、田村先生に薦められた「ランダムハウス英和大辞典」をあわてて買って、あれこれ調べて、それでも半分しか解決しない。結局、文脈レベルでぜんぜんわかっていなかったということに気づいたのは、田村先生のつぎの授業を聞いたあとでした。

　田村先生は文法用語とかはあまり説明できないんだけれど（笑）、飄々と信じられないほど切れのよい訳出をしていって、それがすべて納得できる。小説を恐ろしく深いところまで読みとっているから、筋道立てて考えて推し量る力がずば抜けているんです。当時の僕にそこまでの力はなかったし、ちがった言い方をすれば、フォーマルな英語を学ぶうえでは、そこまでの推理力は必要なかったということです。あのころはインターネットもまだ普及していませんでしたから、とりあえず入手できる辞書や本を手がかりに、できるかぎりの調べ物をしたう

380

えで、徹底的に想像力を働かせる、考え抜くという作業に明け暮れました。

――それは、凝った文体の小説の前ではフォーマルな英語を読み解く力も無力だ、ということですか。

越前　そうではありません。フォーマルな英語があるからこそ、エルロイのような省略文体が可能になる。原型あっての変型というかな。つまり、そもそもフォーマルな英語が読めなければ、フォーマルでない英語が読めるわけがないんです。この本のなかにも、そういう例をおさめてあります。

　エルロイに関して言えば、慣れの問題だったんだと思います。事実、慣れてくると、やっぱりきちんとした構文解析力が必要だということが見えてきました。それどころか、さりげないようで、実はものすごく理詰めで書かれている。単語レベルで言えば、だれもが意味を知っている単語なんだけれど、前後関係とか登場人物の気持ちとかを考えたら、ここはこういう意味でなきゃいけない、とかね。それは、小説の翻訳では、多かれ少なかれ、永遠につきまとう問題だと思います。でも、この本ではエルロイばりの難解な事例は採りあげていないので安心してください（笑）。

巻末インタビュー

——そういう経験を経て、いまでは翻訳を教える立場に
もなられたわけですが、塾講師をされていたときのよう
に何か発見はありましたか。

越前 "訳す" という作業が、英語を学習するうえでも
とても大切だということですね。翻訳という大げさなも
のではなく、いわゆる英文和訳のレベルでいいんですが。
あるクラスに５年ほどアメリカ暮らしをしていた生徒が
いて、「自分で英語を読んでいて、わからないことは
まったくない」と言い張るんです。ところが、訳させて
みるとほんとうにデタラメ。わかった気になっていただ
けなんですよ。

　結局、英語を正しく理解しているか否かを知るには、
訳してみる以外に方法はないんです。「英語を英語のま
ま理解する」とよく言われますよね。それは最終目標と
しては正しいんだけれど、少なくとも日本語を母語とし
て育った人間について言えば、おそらく正しく訳せない
ものはぜったいに理解できていないと思います。

　10年近く翻訳学校で教えてきた経験から言うと、日本
語の運用力と英語の読解力は、99パーセントの生徒につ
いて完璧に比例します。よく生徒から「どっちが大事で
すか」と訊かれるんですが、そもそもそんなのは意味の

ない質問で、多少とも語学に興味を持って勉強しようという人の場合、どちらか一方が得意なんてありえないんですよ。日本語の語彙が貧困なのに英語だけ豊かなんて変な話だし、一読してわかりにくい日本語を書く人が英語の構文を読みとるときだけは鋭い、なんて例も見たことがない。現実には、訳出という作業によってふたつの言語のあいだを行き来することで、両方の言語の特性が同時により深く理解できるんです。翻訳だけじゃなくて、中高生レベルの英文和訳だって同じことですよ。

──つまり、「訳す」という作業を英語学習の中に採り入れたほうがいいと？

越前　やや時代遅れかもしれないけれど、そう思います。TOEFLやTOEICといった試験ひとつを考えてみても、訳読が求められませんから、受験する人が表面的にわかったような気になってしまうことがいちばんこわい。だから、たとえ訳文を作ることを要求されない試験であっても、勉強する過程で少しは訳読、英文和訳をやったほうがいいと思います。ただ、テスト自体が記号式なので、試験対策の参考書ではなかなかそういう勉強はできません。

　では何で勉強できるかと言えば、やっぱり大学受験の参考書以外にはない。英語の読み方が最も高いレベルで

383

巻末インタビュー

きちっと解説されていますから。この本も、体系的にす
べてを網羅したわけじゃありませんけど、大事なところ
はしつこいくらいていねいに書きましたから、ぜひ役立
ててもらいたいと思います。

英語を正しく読めるようになるには

**――英語を正しく読めるようになるための、お薦めの勉
強法はありますか。**

越前　まず、自分の好きなものを読むことですね。映画
でも音楽でもファッションでもなんでもいいので、好き
なものについて書かれたものを読むということは、ぜひ
やってほしいと思います。それと並行して、構文解析の
ような原始的でどんくさいことも、ぜったいにやらなけ
ればいけません。受動態を能動態に直してみるとか、関
係代名詞の先行詞を見つけるとか、味気なくてつまらな
い作業です。

　おそらく、そのどちらか一方が欠けてもダメで、両方
をバランスよくやることが大切だと思います。無味乾燥
なことだけをやっていては長つづきしないだろうし、か
といって好きなものだけを読んでいたら「好きなものな

らわかるけれど……」ということになってしまいますから。

　使う辞書については、語法がしっかり解説されたものがいいでしょう。参考書については、いろいろと手を出す前に、まずひとつのものをていねいに読みこんで完全に理解すること。これは経験上、断言できます。

――いま、英語教育は「聞く・話す」方向へ大きく傾きつつあるように感じます。語弊があるかもしれませんが、ある種「ラクな勉強」へと進んでいるのではないか、と。そうした現状について、何かお感じになることはありますか。

越前　たしかに、英語教育は"コミュニケーション"を中心としたものにシフトしています。それはそれでいいんです。英語を話す度胸をつけて会話能力を磨いて、結果的に外国人と仲よくなれたらほんとうにすばらしいことですよ。ただ、より高い次元の英語を、たとえば仕事のレベルで「かぎりなく正確に読む」ということを考えるのだったら、どこかで単なる会話主体の英語学習から卒業しなければいけない。構文解析のような地道で地味な勉強を、ある期間徹底してやる必要があると思います。それと、日本語に対しても、英語以上に敏感になれるよ

巻末インタビュー

う、日ごろから注意しておくことですね。

——最後に、この本を読まれる読者のかたにメッセージをお願いします。

越前 翻訳学校で教えていて、ひとつ感じることがあります。合格したかどうかはともかく、かつて大学受験などの大きな試験に向けて本格的に勉強した人とそうでない人とのあいだには、翻訳学校にかよいはじめたあとでもやっぱり明確な差が表れてくるんです。翻訳するには、単語だけではなくていろいろな背景も調べる必要があるわけですが、受験勉強をしっかりやった経験のある人は、「ここまでは調べなければいけない」という追求の度合いが深い。結果として、そうでない人との差がますますひろがってしまうんですね。

　たとえば、ひとつの単語集を覚えるには、そうとうな労力が要ります。それこそ、忘れて覚えての繰り返し。でも、その過程で得たさまざまな蓄積というのは、何か新しいことをやろうとしたときにかならず生きてきます。なぜかというと、どういう作業が必要か、どれほど苦しいか、どれだけ時間がかかるか、そういったことを頭と体で知っているから。同時に、すでにひとつやり終えているので、どんなに大変であろうとも "やりきる自信"

はあるわけです。労力に対する"免疫"や"耐性"と言ってもいいかもしれない。それともうひとつ、人間はいかに忘れやすい生き物であるか、いかに怠けやすい動物であるか、自分がいかに愚かであるかを、体験的に知っている。これは大きいですよ。謙虚な気持ちを忘れずに学習に取り組める、という意味でね。

　受験勉強にかぎらず、ある一定期間、何かについて徹底的に勉強した経験は、つぎに新しいことを学ぼうとするときに大きなアドバンテージになります。だからもし、これから英語をきちんと勉強しようと思われているかたがいるなら、それは英語を学ぶにとどまらない意味があるんだということを、ぜひ心に留めておいてほしいですね。

　この本に関して言えば、僕自身、けっして英語が正しく読めるようになる万能の書だとは思っていません。読者のかたにそれまで英語が読めなかった原因のひとつでもわかってもらえれば、それだけでも出版した甲斐があったというものです。あえて挑発的な言い方をすれば、自分の"愚かさ"を知るきっかけにしてほしいですね。自分の無知を知ることが、進歩への第一歩だからです。

　そういう僕自身、いまでもちょっと気を抜けばすぐ誤

巻末インタビュー

訳をする（笑）。どんなに勉強したって完璧になんかなれません。だから、謙虚さが大事なんです。道のりは長いので、ときに楽しみつつ、それでもやっぱり襟を正しながら、がんばってほしいと思います。

（インタビュー採録・構成：金田修宏）

あとがき

　ディスカヴァー携書からかつて刊行された『日本人なら必ず誤訳する英文』と『日本人なら必ず誤訳する英文・リベンジ編』の２冊は、これまでにたくさんの英語学習者のかたが読んでくださいました。けっして読みやすい本ではありませんが、英文を正しく読むために理詰めの思考とていねいな訳読は欠かせないという考え方を評価してくださった人が大変多かったことに勇気づけられたものです。

　今回、その２冊をまとめて再構成し、より充実した学習書として復活させる機会を作れたことをとてもうれしく思います。中途半端にごまかさず、論理的に考えてしっかり英文を読めるようになりたい人にとっては、必ずお役に立てる本だと信じています。

　もちろん、この本を読み終えても、英文の誤読や誤訳が一気になくなるわけではありません。ただし、読みまちがえないために何に気をつけるべきかというヒントは、この本の随所にちりばめたつもりです。つまずいたときには、読み返してもらえればきっと役立つと思います。インタビューでも言いましたが、ほんとうに力がつくのは「二度読み」をしたあとですから、焦らず、楽しみつつ、自分のペースで弱点を修正していってください。

本書の最初に掲げた３か条は、わたし自身が翻訳の仕事を
つづけていくうえでいちばん重要なのは何かと考えながら、
自戒の意味も含めてまとめたものです。誤訳や誤読をしてし
まったとき、ああ、あの本にあんなことが書いてあったな、
と思い出していただければ幸いです。

　どんな本でもそうですが、この本が完成するまでにも数多
くのかたにお世話になりました。この場を借りてお礼を申し
あげます。
　ちょっとした偶然から20年ぶりに再会したその日に、著書
を出さないかと強く薦めてくださったディスカヴァーの干場
弓子社長をはじめ、前の２冊も含めて、編集の実務や販売・
宣伝などのさまざまな形で支援してくれたスタッフのみなさ
ん。
　この本の原形となった講座を進めるにあたり、長年にわ
たって場を提供していただいた翻訳学校フェロー・アカデ
ミーや朝日カルチャーセンター新宿教室・横浜教室・中之島
教室の関係者の方々。
　英文のチェックや難解な個所についての質問で何度も協力
していただいたマーティン・メルドラムさんと、巻末のイン
タビューでわたしの言い足りなかったところ、うまく表現で
きなかったところをみごとに補完してくださった金田修宏さ
ん。そして、おもに後半の問題の選定・作成にあたって力を
貸していただいた飯干京子さんとTRAアカデミー大阪本町
校のみなさん。
　また、この本でそれぞれの問題にわたしがつけた解説は、

何年もかけて考え、修正してきたものが多いのですが、その過程において、インタビューでもあげた故・伊藤和夫先生の著書をはじめとして、数えきれないほどの参考書や辞書などを参照しています。どの部分で何を見たのか記憶していないことも多く、この場で紹介することはかないませんが、わたしの考えを形作ってくれた数々の本の著者や語学教育関係者のかたがたにも、この場で深くお礼申しあげます。

　そして、ほんとうの意味で、この本を作るいちばんの原動力を与えてくれたのは、30年以上に及ぶ講師生活でわたしにさまざまな質問をぶつけてきた、学習塾や留学予備校や翻訳学校やカルチャーセンターの受講生のみなさんです。ときに鋭く、ときに珍妙な質問に答えるために懸命に頭をひねってきたことが、この本を著す際にも、ふだんの仕事である翻訳においてわかりやすい日本語を考える際にも、大きな糧となっています。

　本書の種々の問題と向き合っていくなかで、読者のみなさんは翻訳という仕事の一端を垣間見ることができたかもしれません。これをきっかけとして、多くのかたが翻訳書や翻訳文化全般に興味を持ってくださることも祈っています。

　2019年8月2日
　初長編訳書『惜別の賦』の刊行から20年を経て、
　　あと何冊の著訳書を出せるのかに思いをはせつつ

越前敏弥

391

越前敏弥の日本人なら
必ず誤訳する英文【決定版】

発行日　2019 年 8 月 30 日　第 1 刷
　　　　2019 年10月 16 日　第 2 刷

Author	越前敏弥
Book Designer	國枝達也
Publication	株式会社ディスカヴァー・トゥエンティワン
	〒 102-0093　東京都千代田区平河町 2-16-1 平河町森タワー 11F
	TEL　03-3237-8321(代表)　03-3237-8345(営業)
	FAX　03-3237-8323
	http://www.d21.co.jp
Publisher	干場弓子
Editor	藤田浩芳　安永姫菜
Editorial Group	千葉正幸　岩﨑麻衣　大竹朝子　大山聡子　木下智尋　谷中卓
	林拓馬　堀部直人　松石悠　三谷祐一　渡辺基志
Marketing Group	清水達也　佐藤昌幸　谷口奈緒美　蛯原昇　青木翔平　伊東佑真
	井上竜之介　梅本翔太　小木曽礼丈　小田孝文　小山怜那　川島理
	倉田華　越野志絵良　斎藤悠人　榊原僚　佐々木玲奈　佐竹祐哉
	佐藤淳基　庄司知世　高橋雛乃　直林実咲　鍋田匠伴　西川なつか
	橋本莉奈　廣内悠理　古矢薫　三角真穂　宮田有利子　三輪真也
	安永智洋　中澤泰宏
Business Development Group	飯田智樹　伊藤光太郎　志摩晃司　瀧俊樹　林秀樹　早水真吾
	原典宏　牧野類
IT & Logistic Group	小関勝則　大星多聞　岡本典子　小田木もも　中島俊平　山中麻吏
	福田章平
Management Group	田中亜紀　松原史与志　岡村浩明　井筒浩　奥田千晶　杉田彰子
	福永友紀　池田望　石光まゆ子　佐藤サラ圭
Assistant Staff	俵敬子　町田加奈子　丸山香織　井澤徳子　藤井多穂子　藤井かおり
	葛目美枝子　伊藤香　鈴木洋子　石橋佐知子　伊藤由美　畑野衣見
	宮崎陽子　倉次みのり　川本寛子　王廳　高橋歩美
Proofreader	文字工房燦光
DTP	アーティザンカンパニー株式会社
Printing	共同印刷株式会社

・定価はカバーに表示してあります。本書の無断転載・複写は、著作権法上での例外を除き禁じられています。
　インターネット、モバイル等の電子メディアにおける無断転載ならびに第三者によるスキャンやデジタル化もこれに準じます。
・乱丁・落丁本はお取り替えいたしますので、小社「不良品交換係」まで着払いにてお送りください。
・本書へのご意見やご感想は下記からご送信いただけます。
　http://www.d21.co.jp/inquiry/

ISBN 978-4-7993-2546-9　© Toshiya Echizen, 2019, Printed in Japan.